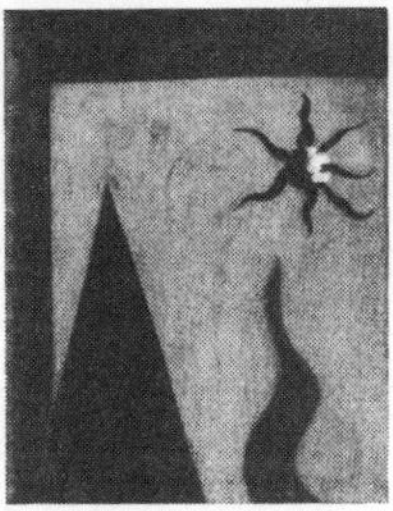

BECK & GLÜCKLER

Daniel Rondeau

Trans-Europ-Express

Literarische Reportagen
und Interviews

Deutsch von
Ulrich Hartmann

BECK & GLÜCKLER

Seb. Kneipp Str. 22
D-7800 Freiburg
Lektorat: Jutta Beck
Hella Kleinig
Umschlagdesign: Book Graphics
Satz: Bundschuh, Freiburg
Druck und Bindung: Kösel, Kempten

ISBN 3-924175-06-3

TRANS-EUROP-EXPRESS

BECK & GLÜCKLER

Inhalt

DANIEL RONDEAU:

Es gelingt mir nicht mehr, mich zu entsinnen, was mich bei Malraux zuerst faszinierte, ***Die Hoffnung***, die Schwere des würdevoll-gemessenen Anfangs — «Lärm von mit Gewehren beladenen Lastwagen umhüllte das in die Sommernacht getauchte Madrid. . .» —, oder das Photo in einer Illustrierten ***(Paris-Match?)***, auf dem ein Mann zu sehen war, der im tiefen Schnee des Elsaß kauerte und den vereisten Lauf eines Maschinengewehrs zum Auftauen an seinen hageren Körper preßte. Ich weiß nicht mehr, was von Camus ich zuerst bewundert habe, die Intensität eines von der Sommerhitze Tipasas zum Glühen gebrachten Stils oder das Bild eines nachdenklich über die Korrekturbögen des ***Combat*** gebeugten Journalisten, der ein wenig aussieht wie Bogart (als Redakteur in ***Deadline***). Aber ich weiß, daß ich Faulenzer stundenlang auf meinem Bett herumlümmelte, um dieses schwere und köstliche Gemisch gierig in mich aufzusaugen. Ich versammelte einige berühmte Männer und brachte so in mein privates Pantheon französisch-kleinbürgerlichen Zuschnitts ein, was die Welt an Unsterblichem zu bieten hat. Begleitet vom Gewirr ihrer autoritären Stimmen, las ich seitenüberspringend und voll unmäßiger Lust etwas, für das ich noch nicht den Namen Literatur hatte. Über Stunden hinweg erkundete ich die große Vielfalt der Gefühle. Manchmal weckte ich mich aus diesem traumwandlerischen Zustand, lief bei Sonnenaufgang hinaus aufs Land und fand doch auch in den Weinbergen die häuslichen Halluzinationen wieder. Und wenn der Abend hereinbrach, an der Schwelle zu den ersten Träumen der Nacht, verschmolzen für mich die aufregende Welt der Wörter und die Monotonie berühmter Leben zu einem untrennbaren Ganzen. Trugbilder und Erscheinungen drehten ihre Kreise in der Nacht.

Ich verwechselte den dicken backenbärtigen Konsul Beyle (Stendhal) mit Lucien Leuwen, den Stubenhocker

Giono mit seinem Husaren Angelo. Am Morgen machte das Wirkliche dem Trug den Garaus, legte das Leben seine Schlinge um den Hals der aufsässigen Gestalten aus meiner frühen Bücherwelt. Mit dem vagen Gefühl, daß in Literatur etwas von Entführung sei, war ich immer bereit zur Reise nach Sankt Petersburg. Ich liebte die Literatur und die, die sie machen — wie Manès Sperber es ausdrückte —, und bestand hartnäckig auf Versöhnung dessen, was Lagarde und Michard ebenso hartnäckig zu trennen wünschten: Leben und Werk. Nie habe ich mich ganz von dieser ersten und innersten Überzeugung lösen können, daß diese beiden Ungeheurer nicht aufhören, sich gegenseitig zu verschlingen.

Durch ein Jahr literarische Reportage für ***Libération*** bin ich erneut in diese Konfusion geraten. Ich war älter geworden, hatte gelernt, daß der Schlüssel zum Geheimnis der Hieroglyphen niemals allein im Leben des Schreibers liegt. Immer kann man die geordneten Felder dieses großen bewegten Spiels durchlaufen, von dem Kästchen «Kränkungen des Lebens» zu dem Kästchen «Seltsamer Spiegel in Tinte und Papier». Verlorene Mühe. Der Handwerker an seiner Werkbank, Experte in der Kunst des Unkenntlichmachens, ist zu gewieft im Umgang mit der Welt und sich selbst, um die unter den überlegten Stößen seines zweischneidigen Hobels zu Boden gefallenen Späne nicht mit Vergnügen gemischt zu haben. Und doch: Diese Reihe von Reisen hat mich einiges gelehrt.

Zuerst war da eine Lektion in Erinnerung. In Baden-Württemberg hörte ich Jünger zu und meinte, Goethe zu vernehmen. Goethe, von dessen unwandelbarer Jugendlichkeit ich gelesen hatte, von seiner gelassenen Heiterkeit und vor allem seiner unglaublichen «Proteusnatur», durch die er all seine Gesichter habe zeigen und sich über alles habe lustig machen können. In seiner Wohnung in Rom erzählte mir Moravia von Bernard Berenson, also auch von Proust. Nach meinem Besuch bei Solschenizyn konnte ich mir, auch ohne das alte

Rußland von Tolstoi zu kennen, genau vorstellen, wie das Leben in Jasnaja Poljana ausgesehen haben mußte.

Und als ich an einem Nachmittag im September Aragon beschattete, da war es plötzlich Barrès, den ich an der Ecke Rue de Varenne traf. Aragon ging langsam. Sein Leben neigte sich dem Ende zu, und es lag ihm nichts daran, früher als nötig zum letzten Rendezvous zu kommen. Seine Gestalt war gekrümmt, doch sein Kopf erhoben: er sah imponierend aus.

Eines Abends hatte ich mit den Wachen vor dem Matignon gesprochen, und ein Bretone mit geschultertem Gewehr hatte mir erzählt, daß er manchmal Aragon, den er an seinem großen Hut erkenne, aus seinem Haus auf der anderen Straßenseite kommen sehe. Ich erfuhr von Aragons Tod, als ich von meinem Besuch bei Jünger zurückkam. Aragon und Jünger, beide Lotsen zwischen den Klippen im «Sturm der Zeit», die ein Recht darauf haben, daß ihr Erbe nicht verschleudert wird.

Die Massen, sonst doch immer schnell bereit, sich in Idole zu verlieben, sollten ihren Schriftstellern mehr Aufmerksamkeit widmen. Sie täten nicht schlecht daran, sie anzufeuern und ihnen zuzujubeln. Burgess hat den langen Atem eines Marathonläufers, Kundera die breiten Schultern eines Gewichthebers und die Bauchmuskeln eines Turners. Moravia geht einmal im Jahr zum Training in die Savannen Afrikas. Solschenizyn beschränkt sich darauf, als Tennisspieler zu posieren, sich als Romanzyklus-Champion in unverschämt guter Kondition auszuweisen. Vorzeigbare Athleten also, fast alle seltsamerweise Überlebende irgendeiner großen Katastrophe. Eine Mannschaft kraftloser Literaturamateure hat lange genug den Ball in der Mitte des Spielfelds für sich gehabt. Sie arbeiteten nach großen Maßstäben, ließen aber alles kleiner erscheinen. Epigonen ohne Anspruch brachten sie hervor. Alle wollten schreiben, ohne sich die Hände schmutzig zu machen. So als sei die Welt sauber. Sie schafften nach Bürostunden, geschichtsverachtend und ohne daran zu denken, daß

Schreiben heißt, zweimal zu leben. Zuerst: Herumstreifen mit dem Spürsinn eines Hundes, der losrennt, seine Beute zu jagen. Sein Leben auf die Wirrheiten der Welt einstellen, das Spektakel auf sich nehmen. Auf Flughäfen hastig Notizen kritzeln. Sich einmischen in die unvermeidlichen Turbulenzen der Saison. Dann, eines Mittags, Schluß damit. Ohne Bedauern all die Utensilien dieses Treibens auf den Markt werfen. Mit der Ausbeute zurückkehren, den Erinnerungen als Schmuggelware. Um sich herum Mauern errichten. Dann heißt es nur noch, eine eiserne Regel festzulegen und sich ihr in freiwilliger Disziplin zu unterwerfen. Erinnerung an Ausbrüche mit der Vernunft zu zähmen, Schwermut den Zwängen des Metiers zu unterwerfen. Von der Matutin bis zur Komplet zu arbeiten. Und immer, wenn es nötig ist, zurückblättern im großen Katalog. Bis zur Erschöpfung. . .

Wenn ich sie alle so voller Vitalität sehe — Burgess mit Stehvermögen an der Bar seines Hotels in Edinburgh, den jugendlich achtzigjährigen Jünger in seinem Rauchzimmer in Wilflingen, voller Ungeduld, an seine nächste Arbeit zu gehen, Eco, der zwischen zwei Flügen an seinem Roman schreibt —, beginne ich, an meiner eigenen Generation zu zweifeln. Wir sind eher von der schwächlichen Sorte, mit 35 Jahren noch immer verwirrte junge Leute. Ein sogenannter junger Autor ist heute oft um die vierzig.

Die Bücher der Zwischengeneration liegen breit und ruhig in den Schaufenstern der Buchhandlungen, kommerziell ist sie erfolgreich, macht sich auch gut im Fernsehen, marschiert aber geradewegs ins Vergessen. Uns fehlt es an Vorbildern und Lehrmeistern. Aber natürlich sind nicht nur die anderen schuld. Dieses Schweigen ist der Preis, den eine Generation für ihre verbummelten Jahre zahlen muß. Unsicher, ungebildet, zum Zuschauen verurteilt. Mit 20 Jahren veröffentlichte man früher seinen ersten Roman; mit 30 hatte man alles gelesen und begann von vorn; mit 35 bekam man den Prix Goncourt.

Mit zwanzig Jahren steckten wir auf der Straße Feuer an. Mit unseren Büchern in der Mitte. Die Studentenrevolte war die Triebkraft unserer Jugend. Unser Enthusiasmus hatte ein Abenteuer gefunden, das bestanden werden mußte. Tom Jones gab in den arabischen Cafés im Arbeiterviertel Billancourt allen einen aus. Ich schlug meine Zelte zwischen den lothringischen Hütten auf, auf halbem Weg zwischen Vaubans Festungen und den verspielten Fassaden der Place de la Carrière in Nancy. Ich fand Stendhals Erinnerungen eines grünen Husaren wieder, seinen ***Lucien Leuwen,*** las Maurice Barrès, entdeckte Georges Naval, seine Korrespondenz mit Bernhard Groethuysen, sein ***Sable et Limon.*** Mit der Vorstellung, in einer Garnison an der Grenze zu liegen, lebte ich einige Jahre hier, ohne etwas anderes zu lesen als die militärtheoretischen Schriften von Mao Tse-tung und die drei Lokalzeitungen meines lothringischen Exils. Die Sonnenaufgänge über den verschneiten Hängen bei Toul, die enge und manchmal brüderliche Gemeinschaft der Fremdstämmigen in den Werkhallen von Pagny oder Maxéville und die roten Rauchwolken, die von den Stahlwerken in den Eishimmel zogen, waren mir ansonsten Agitation genug. Stolz ging ich durch den schwarzen Dunst der Fabriknächte. Ihre mächtige Chemie ließ mich beinahe platzen vor Glück. Solscheninzyn hat mit einem Knall die Tore zu diesem seit langem verzerrten Traum wieder zugeschlagen. Die Geschichte bricht erneut in eine andere Richtung auf, hat diesen alten Nachlaß genannt Revolution liquidiert. Der Linksradikalismus, hat man gesagt, sei die Kinderkrankheit des Kommunismus. Aber eine tödliche Kinderkrankheit. Die französischen Kommunisten haben sich nicht davon erholt. Das geht auf das Konto der kleinen Maisoldaten, auch wenn welche dabei waren, die sich nur austoben wollten oder sich dem Alter gemäß verhalten haben, in dem man den großen und befreienden Sprung ins Erwachsensein herbeisehnt.

Zehn Jahre später, im Winter 1981, riß ein polnischer General im Sold Moskaus die Macht in Warschau an sich. Der Staatsstreich vom 13. Dezember führte uns nach Polen. Wir erlebten dort den Stolz eines Volkes. Freie Schriftsteller, mittelalterliche Mönche, gewerkschaftlich organisierte Arbeiter. Einer wechselhaften Geschichte Ausgesetzte stellten Betrachtungen über ihr Unglück an, mit lauter Stimme, mit Kraft und Vernunft. Von den Stahlwerken Nowa Hutas bis zu den Klöstern Krakaus spukte nur ein Wort durch die schlaflosen Nächte des Ausnahmezustands: Europa. Am Vorabend einer ungewissen Zukunft wollten die Polen mit uns über diesen Kontinent sprechen. Selbst in Not, aber voller Hoffnung wiesen sie uns freundschaftlich auf den Zustand des Westens hin: erschöpft, feige, in Überfluß und Selbstekel versunken. Von dort aus schien sich alles klar darzustellen. Seit einigen Jahrzehnten bereitete eine verrückt-fröhliche, zerstörte Vorstellung den Hauptstädten der alten Welt schöne Tage. Europa hatte sich ihr nach Herzenslust hingegeben. Nach 1914 hatte die Apokalypse des Schützengrabenkrieges einen ausgebluteten Kontinent zurückgelassen. Die jungen Männer der zwanziger Jahre hatten kaum noch die Wahl. Entweder flohen sie den großen Friedhof voller toter Eroberer oder sie gaben, angeekelt von der zusammengebrochenen Vergangenheit und fasziniert von der Zukunft, ihre Jugend hin. Einige nach Triest geflohene Dichter beobachteten die Zuckungen dieses gigantischen, aber selbstmörderischen Geistes. Eine brutale Gewalt erwuchs aus diesem völligen Verfall. Sie ließ sich nieder in Moskau und Berlin, verhöhnte das Genie einer Art, die ein anderer Krieg sehr bald an den Rand des Untergangs bringen sollte. Einige der größten Männer hielten es nicht mehr aus. Sie jagten sich eine Kugel in den Kopf. Der Friede kam fünf Jahre später. Er hieß Jalta. Der Abstieg ging weiter. Europa vergaß sich in der Euphorie, lieferte einige seiner Republiken gefesselt und geknebelt Stalin aus. Und gab einige seiner ältesten Überzeugungen noch als Prämie dazu.

Und doch hat Europa wieder Tritt gefaßt. «Die völlige

Niederlage ist das Vergessen», wie Céline sagte. Europa knüpft wieder an seine Erinnerungen an, entsinnt sich plötzlich seiner für ein Nichts hingegebenen Hauptstädte, seiner niemals gelesenen Schriftsteller. Selbst der Name Europa läßt sich wieder aussprechen, ohne rot zu werden. Langsam erholt sich der Kontinent von seiner Erschöpfung, so als entschließe er sich zuletzt doch noch, das Unglück hinter sich zu lassen.

Was ist nun wirklich in den letzten fünfzehn Jahren geschehen? Früher genügten uns die Sprüche an den Wänden, unsere Unruhe auszudrücken. «Die alte Welt. . .» Sondermeldungen prasselten aus dem Radio wie Heeresberichte vom Sieg der Schreckensarmee, deren irregeleitetes Fußvolk wir waren. Zeit ist vergangen. Und jetzt sind wir wie Archäologen, die über alle Grenzen reisen, um in mühevoller Kleinarbeit die Überreste eines engen, alten und doch wunderbaren Kontinents zusammenzusuchen. Von den autofreien Autobahnen im polnischen Tiefland bis zu den Rasen Schottlands, von den Wanderpfaden im Engadin bis an die alten Küsten Siziliens sind wir mit offenen Augen unterwegs, zwischen Schnellrestaurants und Kathedralen. Diese Landschaften erinnern uns an irgend etwas. Kein Wunder. Es sind die Romanlandschaften. Eilig durchqueren wir sie, im gleichen Schritt mit den Ereignissen.

Manchmal erfaßt uns eine Unruhe: die frische Erinnerung an ein Gemälde von Rembrandt, das in einem New Yorker Museum hängt: ***Der Raub der Europa.***

Aber vielleicht heißt dies nur, älter zu werden. Man holt tief Luft. Man hat noch den gleichen Schwung wie mit zwanzig. Die verführerische Luft eines neuen Frühlings genügt, uns hinaus in den frühen Morgen zu locken. Von dreißig geht es schnell und geradewegs auf vierzig zu. Aber man überrascht sich eines Tages bei der Furcht vor einer ungewissen Zukunft. Und sieht plötzlich den eigenen Schatten sich über den Planeten beugen, um zitternd die Bruchstücke vergangener Schönheit aufzusammeln.

LOUIS ARAGON: DAS RÄTSEL ARAGON

Am Anfang war der Krieg. Ein übermenschlicher Schimmer in den Augen aller Menschen, die sein düsteres Dröhnen erreicht hatte. Das niederdrückende, prägende Erleben eines Ausblutens, das kein Ende nehmen wollte. Die Ermordung eines Erzherzogs in einer fernen Stadt voller Moscheen in Bosnien-Herzegowina war das Zeichen zum Beginn der Moderne gewesen. Ohne Unterbrechung sorgten seitdem Bomben dafür, eine archaische Welt unter der lockeren Hügelerde der Champagne zu begraben. Heimtückisch zogen Giftgaswolken über das satte Weideland Flanderns. Die Apokalypse auf einer Wolke. Das stinkende Produkt der Verbindung von Wissenschaft und Barbarei. Überall in Europa gliederten sich schlechternährte Bauern in Uniform zuhauf in die trunkenen Massen ein; Irregeführte, die im Gleichschritt aufeinander zu marschierten und zusammensackten wie losgelassene Marionetten. Mit Gewalt ging eine Welt in die Falle der Geschichte. Zu dieser Zeit beugte sich in einem Unterstand bei einem Schützengraben ein Mann über ein in schwarzes Englischleder gebundenes Heft: «Ich heiße Arthur und bin in den Ardennen geboren, nach dem, was man mir gesagt hat. . .» Am Horizont die brennenden Türme der Kathedrale von Reims, wie zwei riesige Fackeln. Louis Aragon, Soldat am Scheideweg, schrieb umgeben von Gewehrfeuer. Arthur Rimbaud lebte wie besessen in den ersten Seiten von **«Anicet»**. Als wäre es Zufall. Gegen Krieg und Verlassenheit, ein erster Roman. Schreiben, der Sieg über die Zerstörung.

Dann kommt die Zeit der Überlebenden. Junge Männer, noch einmal davongekommen, die es jetzt eilig haben. Sie sind talentiert, Nachtschwärmer mit magischem Glanz, welche die Glocken läuten, verschlafene Städte zu wecken, wachsame Späher nach einer von jedem Morgenrot erhofften Umwälzung. Breton, Soupault und Aragon betreiben mit Energie poetische Neuentdeckung und Verjüngung, beseitigen mit einem entschlossenen Lachen den Muff der alten Welt und sagen den Akademien Lebewohl. Schneid und Stil. Einer Monatszeitschrift mit gelber Titelseite geben sie einen unerhörten Namen: ***Littérature.*** Nichts soll in diesem Jahrhundert geschehen, dessen Wort und Geist nicht in Berührung mit ihrem Dauerversuch im Lyrismus des Unkontrollierbaren gekommen wäre. Dann wird die Provokation zu Tode geredet, verlöscht die Glut, trotz der Versuche, sie zu erhalten, wird der Kampf gegen die überkommenen Formen selbst akademisch. Junge, längst verausgabte Greise erklären lauthals den Roman für tot, verbieten ihn per Dekret. Aragon, der Überläufer, der Verräter, der Meuterer, erfindet den Roman neu. Und die **Glocken von Basel** erschallen über der versiegten Quelle des automatischen Schreibens.

Ein einziger Freund. Eine schmutzige Liebesgeschichte. Sich kreuzende Bücher. **Le Libertinage:** für Pierre Drieu La Rochelle. ***L'Homme couvert de femmes:*** für Louis Aragon. Drieu, verlorener Sohn einer weltentrückten Aristokratie, senkte seinen Blick gewichtig auf die «Kehrseite der Medaille». Seine altenglische Eleganz hatte einen Zug ins Anrüchige. Als mittelalterlich denkender Mensch hatte er Kaschmir und Tweed bald unter der schändlichen Rüstung des schwarzen Ritters der Ehrlosigkeit verborgen. Letztlich rettete ihn sein Selbstmord vor ewiger Schande. Wie eine letzte Lektion in Stil. Zum Abschluß. Er hatte eine Figur entworfen und sich daran gehalten. Als Dichter. Hundertmal hätte er in Ehren desertieren können. Er hatte es nicht getan. Aragon, wie Malraux, wußte es; Aragon, im Gegensatz zu Malraux, stellte sich an die Spitze der Rachgierigen. Der Freund von einst blies zur Jagd. Über Drieu: «Wenn er atmet, hindert er andere Leute zu leben. . .» Und doch: Auf den Trümmern dieser zerstörten Freundschaft beginnt Aragon seinen seit langer Zeit weggelegten Zyklus **Die wirkliche Welt** wieder aufzunehmen. **Aurélien**, das ist Drieu und Aragon zugleich, will sagen, die verlorene Erinnerung an eine alte vergeudete Geschichte, der Roman eines Mannes über dreißig — traurige Schwelle, die niemand unbeschadet überschreitet —, verlassen, «in einer steinernen Stadt die Nacht zuzubringen, ohne an die Morgendämmerung zu glauben». Ein Roman ***in extremis.*** Wie ein rätselhaftes Andenken.

In ***Rot und Schwarz*** tritt Julien auf Mathilde zu und sagt in erregtem Ton zu ihr: «Mit einem Wort, Mademoiselle, muß der Mensch, der Unwissenheit und Verbrechen von der Welt verjagen will, wie das Unwetter sein und Böses tun wie aufs Geratewohl?» Mit einem Wort, Aragon, Louis, französischer Schriftsteller, prominentes Mitglied der kommunistischen Partei, Intellektueller im Glanz all seines Talents, tat während seines ganzen Lebens als politisch engagierter Mensch das Böse wie aufs Geratewohl. In vollem Schwung, wie der Knüppel auf den Rücken russischer Bauern, ging seine Funktionärssprache auf alle Rebellen nieder. Mit scharfen Worten brachte er widerspenstige Dichter und Schriftsteller zur Räson. Despotisch war er, kriecherisch und hämisch, von allen gehaßt; hinter dem Kommunismus lief er her wie hinter einem Fanfarenzug. Lautsprecher und Schönredner der kränklichen Greise in Moskau, schon zu Lebzeiten durch Verehrung mumifiziert. Das Sprachrohr Aragon. Vom Schreibtisch aus konnte er seine Gegner vernichten, ertränken in seiner Tinte. Und doch waren da auch Überlebende von seinen Träumen: Massen im Gleichschritt zwischen Geheimnis und Zufall und Arbeiterbataillone, einsame Helden, in Nächten geborene Figuren, vertraute und hartnäckige Geister: Bérénice, Aurélien, Catherine. . . Ewige Spaziergänger, geträumte Träumer einer Gesellschaft, in der er sich verlieren möchte: «Kommt schnell, Victor, Marie, Alfred, René. . . — Was gibt es denn? fragt Victor. — Wir ziehen aus der Rue Montorgueil aus, das gibt es. . . — Und wohin, ja, wohin? — In die Nummer 3 der Rue Pierre-le-Grand, in Sankt Petersburg, sagt Robert.» Der offizielle Dichter einer zukünftigen Welt — morgen, morgen — war zugleich der letzte Romancier.

Aragon, Erbe des zerbrochenen Bildes vom Dichter der Romantik, hochbegabter Nachfolger des Mannes, der in Frankreich den nationalen Sozialismus und die moderne Figur des engagierten Schriftstellers schuf: Maurice Barrès. Berauscht von der Macht, aus dem Nichts Personen zum Leben erwecken zu können, mitgerissen vom Geschrei und Toben der sich erhebenden Massen, die er wie Bleisoldaten im Kinderzimmer hin und her schieben wollte. Nicht festzulegen auf Lüge und Wahrheit, ging er durch das Leben wie ein Trunkener, der sich anschaute und doppelt sah: einerseits waren da das Erbärmliche, Niedrige und Gemeine, andererseits der Wille zum Roman, Schreiben als zweite Natur, ein Atemholen. Ein Schwächling, der sein ganzes Leben damit verbracht hatte, hinter sich selbst herzulaufen, und ein anderer, derselbe, der über sein Werk herrschte wie ein Fürst, Herr und Meister eines anrührend schönen Stils. Fünfundachtzig Jahre eines rätselhaften Doppellebens «in dieser Domäne ähnlich einem Haus mit Zimmern, deren Fenster man von außen sieht, doch deren Türen niemand im Inneren finden kann.»

Im Laufe der Jahre aber haben sich vielleicht Zugänge zu diesem zwischen Poesie und kalter Unterkunft hin- und hergerissenen Leben gefunden, hat es in seiner langen Dauer eine seltsame Transparenz gewonnen, sind die zwei Seiten Aragons allein dadurch ein bißchen weniger rätselhaft geworden. Nur die Zeit konnte eine Antwort auf die immer vermiedene Frage der inneren Koexistenz von Werk und Leben geben. Die Zeit allein konnte zur Aussöhnung eines Mannes mit sich selbst führen. Aragon ist als Kommunist gestorben. Es gibt gute Gründe anzunehmen, daß er seit langem von dieser Bewußtseinsstörung, die man Parteigeist nennt, geheilt war. Auch auf die Gefahr hin, die ***lettres françaises*** mit untergehen zu sehen, tötete er in sich den Kommunisten.

Die andere Seite seines Lebens: seine Bücher. Und ein Stil, klassisch rein und erhaben, modern. Geboren unter Bomben, wie der von Céline. Aber auf wunderbare Weise frei von Narben, ohne Wunden aus den dunklen Zeiten der Geschichte gerettet. Céline war geprägt vom Geist des totalen Krieges, trug in sich den Haß auf die Welt und ihre Bewohner. Unheilbar, konnte er nicht anders, als alles zerstörend schreiben, sich selbst und den Stil. Aragon war geprägt von einer bestimmten Ordnungsvorstellung. Als aufmerksamer und grausamer Späher saß er auf seinem Wachturm gefangen, von dort auf alles zu schießen, was sich bewegte. Seine Prosa hat den Rhythmus vergangener Jahrhunderte. «Ich würde lange Zeit ein Irrender in Caesarea bleiben. . .» Darin liegt ein Zurücksehnen nach einer anderen Ordnung, der von Racine und Chateaubriand, aber auch der Traum von einem stillen Glück.

Aragon hörte nicht auf, zu schreiben, um seinem Leben zu entkommen, zurückgezogen auf seine Geheimnisse, in entrücktem Vergessen seiner selbst und der Zeit.

Paris, den 27. Dezember 1982

LOUIS ARAGON: DER LETZTE AUSGANG

Autos rasten über die zu dieser stillen Nachmittagsstunde wie ausgestorbene Rue de Varenne. Nur ein Wachsoldat im Dienst legte die hundert Schritte zur Ecke Esplanade des Invalides zurück. Er trug eine kugelsichere Weste. Grauer Fleck auf seiner blauen Uniform. Aragon trat gerade in dem Moment aus seinem Haus, als ich auf der Höhe von Nr. 56 war. Er ging mit tappenden Schritten, in zwei Teile gebrochen, den Oberkörper gebeugt, als würde er fallen, aber den Kopf erhoben, wie aufgerichtet in einem letzten Aufflackern von Willenskraft. Sein Gesicht sah unglaublich aus. Die Haut braun, ledern und straff; die Haare weiß, recht kurz, aber lang genug, um unter dem grauen Filzhut hervorzuschauen; die Augenbrauen zusammengekniffen, sehr schwarz, vielleicht mit einem Kohlestift etwas nachgezogen, ich weiß nicht; Augen von sanftmetallener Farbe, rätselhaft und eigensinnig in die Ferne blickend, nach vorn, auf einen zweifelhaften Horizont. Und gewiß muckte sein Kopf, so als fordere er ein Eigenleben, gegen den hartnäckig gekrümmten Körper auf, weil Aragon bei seinen zeremoniellen Greisenspaziergängen etwas anderes sehen wollte als seine auf dem Pflaster tappenden Füße; die Welt wollte er weiter auf seine Art betrachten. Sehr langsam kam er voran, gestützt auf den Arm eines unaufälligen jungen Mannes.

Seltsamerweise läßt ihn das Leben auf der Straße an Gebrechlichkeit verlieren, so als schöpfe er daraus Kraft; sein Schritt wird lebhafter und sicherer. Ein Kind schreit, eine Gruppe kichernder Mädchen geht vorbei, eine Schwester wirft einen Brief in den Kasten bei der Bar des Abassades. Achtung, er will über die Straße! Ein Taxi fährt langsamer, um ihn auf die andere Seite zu lassen, und genau in diesem Augenblick begegnet mir eine Frau, deren Blick ich auffange. Um die vierzig, groß und schlank, und schön. Sie dreht sich nach ihm um. «Haben Sie ihn erkannt?» Sie zögert, ich fahre fort: «Das ist Aragon. Louis Aragon.» — Das habe ich nicht gewußt, nein, wirklich nicht.» — «Aber sie haben sich nach ihm umgedreht?» — «Ja, weil ich ihn schön fand.»

Sie geht mit großen Schritten davon, dreht sich noch ein letztes Mal um und lächelt. Ich suche Aragon. Fort. Verschwunden zwischen einem Reisebüro und einem Antiqitätenladen.

Paris, den 27. Dezember 1982

ERNST JÜNGER: DER ZUSCHAUER

Wilflingen sieht aus wie eines dieser ungemein behaglichen Dörfer, die es seit eh und je in Deutschland gibt. Friedlich an die Hänge des Schwäbischen Jura geschmiegt, nur einen Steinwurf von der Donau gelegen, aus der Ferne von den Schwarzwaldhöhen beschützt. Wie abgeschieden von der Welt, bewahrt vor ihren Erschütterungen. Zurückgezogen in sich selbst und träge wie die Bauern, die auf der Ofenbank sitzen und warten, daß der Winter vorbeigeht. Ein Eindruck allgemeinen Wohlstands, frisch gestrichene Fassaden, Grünpflanzen hinter Doppelfenstern. Und zwei Glockentürme. Zwei Kirchen für dreihundert Seelen. Die eine barock und herausgeputzt, die andere in ihrem Verfall feierlich und düster wirkend, von einem Storchennest gekrönt. Eine blau-weiße Fahne flattert unter dem Regenhimmel. Es ist die Flagge eines Schlosses mit zwei dickbauchigen Türmen. Genau gegenüber: ein langes weißes Haus, keine Einfriedungsmauer, dreizehn Fassadenfenster. Ein abgeschiedener Friedhof entlang des Wegs, der in den Wald führt. Ein Marmorgrab.

Doch man täusche sich nicht. Dieses schläfrige Dorf auf der Schwäbischen Alb wurde auf eine gewisse Art zum Schauplatz einer Katastrophe der jüngsten Geschichte, von der sich unter dem allzu weiß getünchten neuen Putz sicherlich noch viele Spuren finden werden.

Wilflingen liegt nämlich zwölf Kilometer von Sigmaringen entfernt. Für viele die letzte Station auf dem Weg in den Untergang: Pétain, Laval, Abel Bonnard (genannt ***la Gestapette***), Brinon waren hier. Und Céline: «Schwarzwald, Tannenhänge, geschwungene Kaskaden. . . typisch deutscher Barock. . . Wir in den Mansarden, Kellern, Treppenverschlägen kommen fast um vor Hunger. . .1142. Ich kenne die genaue Zahl. . . in ihrer Sonderenklave, sie selbst Enklave in preußisch-badischem Gebiet. . . Achtung! Dieses Gebiet wiederum umschließt genau Süd-Württemberg! Ich erkläre Ihnen das Drumherum. . .» ***(Von einem Schloß zum andern)***

Laval wurde auf Schloß Wilflingen interniert, dem Sitz einer alten Adelsfamilie. Deren Sohn Claus versuchte am 20. Juli 1944, Hitler zu töten. Der alte Graf von Stauffenberg verkaufte nach dem Krieg sein Forsthaus mit der 13-Fenster-Fassade an einen seiner Freunde: Ernst Jünger. Der Sohn des Schriftstellers, nach sechs Monaten Gefängnis wegen antinazistischer Betätigung im November 1944 an der Front bei Carrara gefallen, liegt am Eingang des Friedhofs begraben. Das kleine Marmorgrab? Wilflingen über Riedlingen, Baden-Württemberg. Letztes Schlachtfeld eines alten Bürgerkrieges. Sammelpunkt einigen Unheils. Heute wieder ein ruhiger Ort, in dem Ernst Jünger sich als Bürger wie jeder andere Bürger begreift.

Er ist klein, trägt Anzug und Rollkragenpullover, hält sich gerade wie eine Eins. Seltsamer junger Mann von 87 Jahren. Höflich, aber distanziert. So als ginge ihn der Besuch, den er doch freundlich empfängt, nichts an; so als hätte ihn das Alter endgültig zum Zuschauer des Lebens gemacht. Unerreichbar für die irdischen Gebrechen, soll Eckermann über Goethe gesagt haben.

— Es stimmt, daß die Zeit zum Zuschauer macht. Man geht auf Distanz, insbesondere zu Geschichte und Politik. Das ist bei jedem intelligenten Menschen so. Hölderlin und viele andere haben begonnen, sich um Politik zu kümmern, aber das ist nicht Sache der Dichter. Die Revolution hat großen Eindruck auf unsere Klassiker gemacht, doch sie haben sie nur bis zur Schreckensherrschaft begleitet. Seit 1930 hat mich die Politik schockiert. Ich habe mich von ihr entfernt. Und **Der Arbeiter** ist kein politisches Werk. Die Kritik hat versucht, etwas Politisches hineinzulegen, aber keinesfalls ist **Der Arbeiter** eine wirtschaftliche oder soziale Gestalt; für mich ist er eine mythische Gestalt: der erste Titan. Léon Bloy sagte: 'Gott zieht sich zurück'; und Nietzsche hat geschrieben: 'Gott ist tot'. Dann werden also die Titanen kommen. Die politische Situation ist nicht die der Weltrevolution. Wir erleben eher eine Revolution der Erde selbst. Und das, was man überall sehen kann, das sind die ersten Anzeichen der Revolution: die Atomwaffen, die Vernichtung von Flora und Fauna. Vielleicht, daß die Erde am Menschen keinen Bedarf mehr hat, daß sie ihn nicht mehr braucht.

— *Sie erwähnen in* **Autor und Autorschaft** *Grillparzers Gedanken, daß der einzelne sich um so besser entfalten könne, je genialer das Jahrhundert selbst sei. Fühlen Sie sich von Ihrem Jahrhundert verwöhnt?*

— Die Technik ist für dieses Jahrhundert bestimmend. Es beginnt mit den Röntgenstrahlen und den Arbeiten des Physikers Max von Laue, der 1914 den Nobelpreis bekommt. Seitdem hat der Mensch begonnen, die Welt anders zu betrachten. Und jetzt sind wir in der Epoche der Quarzuhr. Gleichzeitig treten wir in das Wassermann-Zeitalter ein. Wir stehen hier noch am Anfang, aber wir bewegen uns auf eine geistige Blütezeit zu, die allerdings mit weniger angenehmen Dingen — wie einer absoluten Gleichmacherei — beginnt. In allen alten Staaten gab es Priester, Krieger und Bauern: sie gibt es als solche nicht mehr. Ich hege große Hoffnung, doch nicht für unsere Gegenwart. Aber wissen Sie, ich habe gerade begonnen, noch einmal eine russische Chronik des Mittelalters zu lesen, die über das Auftreten der Tataren berichtet und mit den Worten beginnt: 'Diese schrecklichen Zeiten haben vierhundert Jahre gedauert. . .'.

— *Gehen Sie weiterhin auf Reisen?*

— Dieses Jahr nicht so richtig — wegen des Goethepreises —, aber sonst fahre ich jedes Jahr. Letztes Jahr war ich in Singapur. Dreißig Jahre liegt meine erste Reise dorthin zurück.

Aber ich habe auch Malaysia besucht. Dort unten ist die Natur noch unberührt. Interessant an Singapur ist, daß die Stadt pragmatisch verwaltet wird und Politik dabei keine Rolle spielt. Und außerdem ist Singapur ja auch eine Stadt literarischer Reminiszenzen, besonders an Conrad.

— ***Und Venedig?***

— Ich bin im November nach Venedig gereist. Graues Herbstwetter hatte ich erwartet, statt dessen schien die Sonne wie im Sommer. Ich habe das Grab von Ezra Pound besucht. Frische Blumen und zwei brennende Kerzen standen darauf. Dann bin ich in Torcello gewesen, wo Hemingway diese Entenjagd gesehen hat, von der er irgendwo erzählt.

— ***Finden Sie nicht, daß es langsam überall auf der Welt gleich aussieht?***

— Doch, sicher, es gibt dieses Phänomen der weltweiten Angleichung. Ich bin immer noch auf der Suche nach unberührten Ländern, und selbst in Neu-Guinea ist schon alles amerikanisch. Dafür hört man aber auch in Japan Bach und Mozart. Die Erde ist heute ein Planet der Maschinen. Selbst in Wilflingen gibt es keine Hühner mehr. Käfer auch nicht. Meine Sammlung ist paläontologisch geworden.

— ***Kennen Sie die Fernsehserie 'Dallas'?***

— 'Dallas'?

— ***'Dallas'!***

Nein, er hat weder ***Dallas*** noch ***E.T.*** gesehen und auch niemals davon reden hören. Seine Frau Liselotte kommt herein und bringt Kaffee und Weihnachtsgebäck. Frau Jünger ist Archivarin, außerdem Herausgeberin einer Goethe-Gesamtausgabe.

Jünger zeigt auf die zwanzig Bände der ***Mémoires*** von Saint-Simon.

— Die habe ich alle innerhalb von zwei Jahren gelesen, nachts. Jeden Abend gehe ich um zehn Uhr zu Bett und lese. Um Mitternacht höre ich auf, wenn es nicht zu fesselnd ist.

Auch die vierzehn grün eingebundenen Bände des Tagebuchs von Barrès, ***Mes cahiers***, stehen da, in Reih und Glied aufgestellt.

— Das Tagebuch ist das Beste in seinem Werk, wie bei allen Schriftstellern. Wie bei Léon Bloy, Montaigne oder Jouhandeau. Die Vollkommenheit liegt nicht im Werk, sondern in der Kunst des Vervollkommnens. Jedes Werk wird eines Tages zerstört werden, selbst das von Homer, wenn wir davon ausgehen, daß die Welt irgendwann brennt. Aber was innerlich geleistet worden ist, bleibt für immer. Da, im Innern, gilt: was getan ist, ist getan.

Aus dem Gangfenster schaut er nach draußen in die Dämmerung. Das Schloß der Stauffenbergs ist erleuchtet. Ein Traktor, der einen mit Tannen beladenen Anhänger zieht, fährt vom Hof. Jünger lacht:

— Der Graf verteilt Weihnachtsbäume an die Bauern.

Schwarze Markierungen über einer Tür.

— Das sind die Spuren der Siegel, die die Gestapo hier nach dem Attentat auf Hitler angebracht hat.

Eine kleine französische Bibliothek — viele Erinnerungen an die Kriegszeit, die er zum großen Teil in Paris verbracht hat.

— Die Besetzung von Paris hat mich überrascht. Jeder Krieg ist tatsächlich anders. Ich hatte gedacht, daß der zweite wieder so sein würde wie der erste, ein Schützengrabenkrieg. Es kam völlig anders. Zu Cocteau habe ich gesagt, das sei der Sieg des Automobils über das Pferd. In Paris habe ich viele französische Schriftsteller getroffen. Drieu. Manchmal. Er kam immer zu spät. Wir haben festgestellt, daß wir uns schon früher einmal getroffen hatten. Er war in dem einen Schützengraben, ich in dem anderen. Gegenüber, aber wir haben beide die Kirchenglocken in die Nacht hinein läuten hören. Sonderbar, nicht? Morand. Im Foyer vom Ritz. Er liebte es, Passanten zu beobachten. Ich mag gerne, was er über Großstädte geschrieben hat. Céline. Ihn habe ich mit Leidenschaft gelesen. Ich traf ihn bei Florence Gould und in der Botschaft. Und auch Gaston Gallimard kannte ich gut, von ihm habe ich all die Pléiade-Bände. Ich konnte etwas für seinen Sohn tun, der zum Arbeitsdienst sollte. Ich habe mit Stülpnagel darüber gesprochen. Es hat sich alles geregelt.

— *Sie hatten zu einer gewissen Zeit Kontakte mit deutschen Kommunisten?*

— Ja, insbesondere mit einem von der Botschaft der UdSSR abhängigen Wirtschaftsstudienkreis, in dem ich mit Niekisch und einem ungarischen Juden, der unter Béla Kun gedient hatte, zusammentraf. Ich erzähle Ihnen das alles, weil Sie mich danach fragen, aber mein nächstes Buch heißt **Aladins Problem.**

— *Haben Sie sich seit damals verändert?*

— Ja, ich habe mich verändert. Natürlich. Doch der Charakter eines Menschen ändert sich niemals, nur die Konturen verändern sich. Man begeht immer wieder die gleichen Fehler.

— *Haben Sie Angst gehabt, als* **Auf den Marmorklippen** *herausgekommen ist?*

— Ja. Man hat mir das Dossier geschickt, in dem Bormann, Hitlers graue Eminenz, Gefallen daran fand, mich anzuklagen. Glücklicherweise gab es Leute in den höchsten Kreisen des Nationalsozialismus, die mir beigestanden haben. Hitler selbst hat gesagt: 'Man wird nichts gegen Jünger unternehmen.' Als ich 1940 einen Brief meines Verlegers erhielt, in dem er mir mitteilte, daß innerhalb einer Woche 14 000 Exemplare von **Auf den Marmorklippen** verkauft worden seien, bin ich erschrocken. Das Buch ist Anfang des Krieges erschienen. Ich habe die Druckfahnen gelesen, als ich schon in Uniform war.

— *Schreiben Sie noch heute Tagebuch?*

— Das ist die Arbeit, die man in fünf Minuten erledigen kann, nicht wahr? Ich betreibe also weiter die Abfassung von zwei Tagebüchern, die in Frankreich bei Gallimard erscheinen werden. Dann schließe ich **Aladins Problem** (das der Schaffung von Reichtümern um uns herum) ab; es wird im März 83 herauskommen. Wenn man jung ist, sucht man immer nach Themen; heute habe ich zu viele Themen, als daß ich sie alle behandeln könnte. Was die andere Seite, die der Lektüre, angeht, so findet man immer weniger junge Leute, die viel gelesen haben. Am Anfang dieses Jahrhunderts war das anders. Selbst unter den Freiwilligen des Ersten Weltkriegs gab es viele Jungen, die in der Literatur beschlagen waren. Heute ist das noch einer von zehntausend. Griechisch wird nicht mehr gelernt, aber eine Reihe junger Leute lernen es dennoch freiwillig. In der Ebene fallen große Bäume auf.

Er schweift ziellos in seinem großen Haus umher, entlang der Holztäfelung und der Bücher, bleibt dann vor alten Berichten über Schiffskatastrophen stehen. ***Naufrage de la Méduse,*** Paris, 1818. (Im zweiten Band seines Pariser Tagebuchs hat er geschrieben, das Interessante an diesen Schiffbrüchen sei, daß es sich um Weltuntergänge im Kleinen handle.) Im Vorbeigehen dreht er ein Stück seiner Sanduhrensammlung um, ein venezianisches Exemplar aus dem 18. Jahrhundert, das mit Sicherheit einer Kurtisane gehört hat.

— Man muß in alten Häusern leben. Dieses hier wird im nächsten Jahr 250 Jahre alt. Alte Häuser haben noch menschliche Dimensionen. Und selbst wenn man die Maße für neue Häuser genau übernehmen würde, wäre es nicht dasselbe.

Ich spreche von ihm, er spricht von seinen Insekten, zeigt stolz die aufgespießten, klassifizierten und registrierten Opfer seiner subtilen Jagden. Ein letzter Raum, noch ein Schreibzimmer, das er das Rauchzimmer nennt. Gestaffelte Ablagekästen, Schubladen für die Post, die aus aller Welt, aber besonders aus Frankreich kommt. Am Fenster steht eine angebrochene Flasche Wein, die wir miteinander teilen. Hier hat er vor einigen Wochen Jorge Luis Borges empfangen.

— Er war es, der den Wunsch nach einer Begegnung geäußert hat. Er hatte **In Stahlgewittern** 1923 gelesen, in Argentinien. Wir haben den ganzen Nachmittag lang geplaudert. Ein gutes Gespräch. Er kennt die Weltliteratur in- und auswendig. Über alles haben wir gesprochen, außer über Politik.

Trotz Jüngers Reserviertheit hatte ich doch sehr bald von Polen gesprochen, weil ich erstaunt darüber gewesen war, in **Autor und Autorschaft** die Streiks von

Danzig und Warschau erwähnt zu finden. Er hatte überrascht gewirkt, so als hätte er dazu niemals etwas geschrieben, aber ich hatte es nun einmal gelesen.

— Stimmt, ja, das hatte ich vergessen. Wissen Sie, die Politik berührt mich nicht. Mir scheint, daß der polnische Charakter immer der gleiche geblieben ist. Schon 1830 gab es ähnliche Dinge. Und im Leben kann man eine Sache und ihr Gegenteil behaupten, oder wie es bei Calderón heißt: 'Alles ist Wahrheit, alles ist Lüge.' Es ist allerdings notwendig, daß es zu großen politischen Bewegungen kommt. Der Ost-West-Dualismus darf nicht ewig fortbestehen. Das wird sich ändern müssen, aber bis dahin mag es noch sehr lange dauern.

— Glauben Sie, daß Deutschland noch an 'Kniebolo', wie Sie Hitler in Ihrem Tagebuch nennen, krankt?

— Selbstverständlich. Deutschland ist geteilt. Es gibt zwei Berlin und zwei Deutschland. («Wenn die Deutschen sich versammeln, um ein Fest zu feiern, zeigen sie sich, anstatt sich zu vergnügen, gegenseitig ihre Wunden», **Autor und Autorschaft.)**

— Würden Sie heute zum Thema Demokratie noch das gleiche schreiben wie in den zwanziger Jahren?

— Zum einen gibt es Hunderte von verschiedenen Demokratien, zum anderen gab es, glaube ich, damals echte Skandale. Aber ich habe das mit zwanzig Jahren gesagt, und man macht es mir noch heute zum Vorwurf. Es ist eigenartig, mir das alles noch mehr als ein halbes Jahrhundert später vorzuwerfen. Das macht man bei anderen nicht, wissen Sie.

— Was empfehlen Sie jungen Menschen zu lesen?

— Man liest viel zu viele Bücher, um sich auf dem laufenden zu halten. Ich auch. Ich lese sogar Wochenmagazine. Man hofft immer, irgend etwas zu entdecken. Nietzsche hat gesagt, die Wüste breite sich aus. Aber in der Wüste gibt es auch Oasen und Fata

Morganen. Als ich jung war, habe ich viel Stendhal gelesen, ***Rot und Schwarz.*** Mein Sohn hat mir in einem seiner letzten Briefe geschrieben, daß auch er Stendhal lese, dasselbe Buch. Es gibt bei Stendhal irgend etwas Besonderes, das junge Menschen anzieht. Auf der deutschen Seite habe ich mit Goethe begonnen, den Dramen, ***Faust.*** Meine Mutter konnte ihn auswendig, wollte aber nicht, daß man darüber sprach. Und dann können Sie immer Montaigne oder Tallement des Réaux lesen.

— ***Finden Sie, daß sich der Roman heute gut behauptet?***

— Für den Roman bedarf es einer Gesellschaft. Nun, die Gesellschaft entwickelt sich zurück. Vielleicht gibt es noch amerikanische Romane — Hemingway, Faulkner —, die man lesen muß. — Es muß Charaktere und Beziehungen zwischen diesen Charakteren geben. Wenn alles nivelliert ist, wird es schwierig, irgend etwas zu tun. Es muß Unterschiede geben. Aber alles kann sich innerhalb eines einzigen Tages wandeln. Die deutsche Literatur war nach dem Dreißigjährigen Krieg völlig vernichtet. Und dann traten große Autoren auf. Die Sprache kann sich in einer einzigen Nacht erholen. Es gibt immer Überraschungen.

Wilflingen (Baden-Württemberg), den 15. Januar 1983

MILAN KUNDERA: EIN EUROPÄER IN PARIS

Vor einem Monat: die erste Begegnung mit Milan Kundera, er bleibt auf der Türschwelle stehen, ist so groß, daß er den Kopf zwischen seinen athletischen Schultern einziehen muß, sehr wichtig, von seiner Stimme zu sprechen, sie nonchalant und liebenswürdig, sehr tief, er bringt Französisch zum Klingen, als wäre es Tschechisch, man sollte all seine Bücher in diesem Tonfall lesen, auf seinem Gesicht einzelne Anzeichen von Müdigkeit, sein Lachen wischt sich fort, soeben hat er einen neuen Roman beendet, noch ein Jahr Arbeit für die Übersetzung, viel Licht in seiner Wohnung, fünfter Stock, ruhiges Mietshaus, nahe Montparnasse, an den Wänden eigene Gemälde, seine eigenen und die von Freunden von einst, dieser Mann lebt im Exil, vergessen wir das nicht, Gespräch bei einem Glas Sliwowitz, über Europa, Prag er, Krakau ich, das hartnäckige Überleben, doch prekär und paradox, eine gewisse Vorstellung von Europa in seinen zentralen Regionen, von Prag nach Wien, das war nur ein Schritt, und Aragon, «er war sehr wichtig für uns da unten, er unterstützte in Paris in den ***Lettres françaises*** die bedrohten Künstler in der Tschechoslowakei, aber meine Beziehungen zu ihm waren so schwierig und seltsam, daß es mir lieber war, ihn nicht mehr zu sehen», sein Leben in Paris, er ist jetzt Franzose, seine Arbeit, seine Lektüre, Sport, die Turnhalle ist gleich nebenan, 1975, schon acht Jahre her, verließ er seine Stadt, die Stadt Kafkas, ging nach Rennes, «wir sind im Auto abgereist, Vera und ich, wir fuhren durch französische Städte, alle sehr schön, wundervolle Kathedralen, und dann kamen wir in die erste miese Stadt der Reise, aber wirklich mies, das war Rennes», er lacht, humorvoll und listig, sie verließen Rennes für einen Abend, den ersten, eine echte Flucht, Panik, Entkommen bis ans Meer, rette-sich-werkann, im Eilzug nach Saint-Malo, ich vergesse, mit ihm über Chateaubriand zu sprechen, es ist Mittag, wir gehen zum Chinesen in seiner Straße, ein kleiner Tisch hinten, neben uns zwei Frauen im Gespräch über einen Typ, sie sagen, «er wirkt wie eine Romanfigur», so etwas kann man nicht erfinden, Kundera spricht von Nadeau, ein Hutziehen im Gehen, eine Art Eleganz, ich verlasse ihn gegen drei Uhr, an diesem Tag war Vera nicht da.

Vor einer Woche: Rückkehr in den fünften Stock, auf der Straße läuft eine alte Frau in der Sonne, auf einer Baustelle, eine Schule wird gebaut, machen Arbeiter ein Feuer, Paletten und feuchte Bretter gehen in Rauch auf, seine Stimme aus der Sprechanlage, Aufzug, Kaffee, er ist niedergeschlagen, sagt: «Ich schäme mich», geht in sein Schreibzimmer, kommt mit einem maschinengeschriebenen Text zurück, das Interview, vorbereitet unter «idyllischen Bedingungen», natürlich seine Antworten, aber auch die Fragen, Vera sagt: «Er ist wie ein alter Indianer, der Angst hat, man stiehlt ihm seine Seele», er entschuldigt sich: «Sie können alles ändern, selbstverständlich, machen Sie, was Sie wollen», sofort an die Arbeit, einige Veränderungen bei den Fragen, trotzdem, eigentlich recht wenig, und Fotos bei Gelegenheit, wir könnten einen bekannten Fotografen nehmen, kategorische Weigerung, nein, und dabei bleibt es, «es geht nicht, ich weiß, wenn er mich fotografierte, würde ich, dank ihm, sofort unsterblich werden, aber lieber möchte ich auf der Stelle sterben als für einen Fotografen posieren, auch wenn er der allergrößte ist», es ist spät, die Schatten sind länger geworden, die Arbeiter sind gegangen, aber die Asche raucht noch.

Gestern: letzte Korrekturen, ganz zum Schluß finde ich ein Notizheft, auf ein und derselben Seite Zitate aus **Der Scherz** und Sätze eines anderen Emigranten, begraben in Saint-Malo, weit weg von den Karpaten und von Böhmen, aber dort, wo durch Zufall Milan und Vera Kundera am einsamen Abend ihrer ersten wirklichen Frankreichreise gestrandet sind. Chateaubriand, ***Denkwürdigkeiten nach dem Tode***, Buch XXXI, Kapitel V:

«Ich bin überzeugt davon, daß man in Paris nicht einmal daran denkt, daß man sich zwischen den Salons und den Kammern, den Vergnügungen und den Gesetzen, den Freuden der Welt und den Kabinettssorgen in keiner Weise um Europa kümmert. Da bin nur ich, in meinem Exil, der Zeit hat, Grillen zu fangen und um sich herum zu schauen.»

— Ich habe eine fast sentimentale Erinnerung an Sartre. Als Student habe ich 1948 in Prag ***Bei geschlossenen Türen*** gesehen. Ich war überwältigt. Einen Monat später kam der kommunistische Putsch. Der Eiserne Vorhang fiel — und Sartre blieb für mich das Symbol des verbotenen Westens. Fast zwanzig Jahre später, während der Phase der Liberalisierung, kam er nach Prag, um dort einige Vorträge zu halten. Ich schickte meine Studenten vom Institut für Filmwissenschaften hin. Sie waren bestürzt: «Er hat geredet wie ein Bezirksvorsitzender der Partei.» Ich habe keine der politischen Auffassungen Sartres geteilt. Aber die Ablehnung Sartres, die nach seinem Tode eingesetzt hat, ist mir zuwider. Ich habe den Eindruck, daß sich der berechtigten Kritik an seinen politischen Vorstellungen etwas anderes beigesellt hat: der Aufstand der zeitgenössischen Mittelmäßigkeit gegen Sartre als eine der letzten großen Persönlichkeiten in der Kultur.

— Solche überragenden Erscheinungen gibt es nicht mehr?

— Das ist eine ungemein erstaunliche Sache: Es gibt sie nicht mehr.

— Die großen Künstler, die großen Philosophen sind verschwunden?

— Ich weiß nicht, ob sie verschwunden sind, aber sie haben kein Gewicht mehr. Sind sie nun zu leicht geworden, oder weiß man ihr Gewicht nicht mehr zu schätzen? Unmöglich zu sagen. Ich habe für mich selbst eine kleine private Untersuchung angestellt und jeden, den ich getroffen habe, nach seinem Lieblingsmaler gefragt. Die absolute Mehrheit hat keinen lebendigen Lieblingsmaler, und sehr oft kennt man nicht einmal einen. Vor zwanzig Jahren, als die große Malergeneration von Picasso, sicherlich die letzte, noch am Leben war, wäre eine solche Gleichgültigkeit undenkbar gewesen. Das mag für Sie eher den Wert einer Anekdote haben, aber es ist wirklich ein außerordentlicher Vorgang: Die Malerei verschwindet langsam.

— ***Aber es gibt Hunderte von Ausstellungen!***

— Ich meine zeitgenössische Malerei als ein allgemein empfundener und geachteter Wert, Malerei, in der sich Europa wie in einem Spiegel betrachtet und mit der es seine Identität definiert . . . Das Verschwinden der Malerei ist für Europa ein Ereignis von gleicher Bedeutung wie die Entkolonisierung.

— ***Erleben wir eine kulturelle Verödung Europas?***

— Schwer zu sagen, was da vor sich geht. Handelt es sich um die erstickende Umklammerung der Kultur durch die Massenmedien, ohne deren Vermittlung sie sich nicht mehr bemerkbar machen kann? Ist es die Endphase der europäischen Kunst, Malerei, Musik, Dichtung? Oder geht die Neuzeit als Epoche, an deren Anfang die kartesianische Auffassung vom Menschen als Herrn der Welt stand, mit der Feststellung zu Ende, daß der Planet dem Menschen heute entglitten ist? Oder täuschen wir uns ganz einfach, wenn wir glauben, daß der Kreis sich langsam schließt?

— ***Kann Europa seine Identität nicht wo anders als in der Kultur finden?***

— Das wäre nötig. Aber wo? Im militärischen Bündnis? Mit welcher Zielsetzung? Einsatz für gemeinsame politische Ideale? Gibt es die denn? Und selbst wenn es sie gibt, was bedeuten sie ohne Kultur? Sie stammen aus der Kultur, dem Denken, der Philosophie. Wie können sie wirksam bleiben, wenn diese Grundlage nicht mehr lebendig ist?

— ***Aber die Literatur ist nicht tot . . .***

— Aber welches Gewicht hat sie denn, welche Resonanz? Ist Ihnen schon einmal die Quasi-Nicht-Existenz der literarischen Kritik aufgefallen? Ja, ja, ich weiß, natürlich wird über Bücher geschrieben! Aber man darf sich nicht durch das Wort 'Kritik' täuschen lassen. Der Sinn der Literaturkritik ist es nicht, zu kritisieren, also Noten zu verteilen, das Gute vom Schlechten zu scheiden. Ihr Sinn ist die kontinuierliche Reflexion über Literatur. Ohne dies spricht die Literatur ins Leere.

— ***Sie meinen damit, daß Literatur vermittelt werden muß?***

— Nein, die Kritik erklärt nicht das Werk, das Werk erklärt sich selbst. Die Kritik erklärt den Wert eines Werkes. Der Wert eines Werkes liegt in seiner Neuheit. In dem Nie-Gesagten oder dem Nie-Gesehenen. Der unbefangene Leser kann jedes Kunstwerk verstehen, aber er kann nicht die Entdeckung, die dieses Werk beinhaltet, voll würdigen. Die Kritik ist also die Entdeckerin der Entdeckung. Dies erfordert Qualifikation und gründliche Reflexion. Nehmen wir den *Ulysses* von Joyce. Unzählige hervorragende Abhandlungen sind über dieses Buch geschrieben worden, und hätte man ihm nicht diese Überlegungen gewidmet, würde es für uns heute nicht das bedeuten, was es bedeutet. Doch nun existiert die Kritik als Reflexion nicht mehr. Man hört heutzutage oft, es würden keine Romane von der Bedeutung der *Madame Bovary* oder des *Ulysses* mehr geschrieben. Mag sein. Aber wie soll man das wissen? In der Realität, in der die Kritik als Reflexion nicht mehr existiert, würde ein solches Buch nicht einmal aufgespürt. In Frankreich gibt es große Kritiker, aber die Kritik ist gezwungenermaßen ein hastiger Kommentar zu gestern erschienen Büchern geworden, die heute aktuell sind und morgen verschwunden sein werden. Ich habe mir einmal alles angeschaut, was in Frankreich und Amerika über einen so bekannten Autor wie Philipp Roth geschrieben worden ist. Eine ganze Reihe Texte, aber nirgendwo eine einzige Idee. Das ist erschreckend. Auf diese Art überantwortet man ein wunderbares Buch dem Vergessen. Man kommt nicht mehr auf Bücher zurück. Man hat sie zu Tagesereignissen gemacht und damit der Literatur ihren Sinn geraubt, der darin liegt, Werte zu schaffen, dauerhafte Werte, und so die Kontinuität des Menschen zu bewahren.

Und da ist noch ewas anderes: Man denkt auch nicht in der Kategorie Weltliteratur. Ich werde erklären, was ich meine. In der ***Encyclopédie de la Pléiade*** gibt es eine ***Histoire de la musique***. Die Musik, Singular. Gleichzeitig finden Sie eine ***Histoire des Littératures***. Die Literaturen, Plural. Was bedeutet das? Es bedeutet, daß es niemals gelungen ist, den Prozeß Weltliteratur als eine Entwicklung zu begreifen, die ihre eigene Logik hat, wie sie, deutlich und unbestitten, die Musik vom Gregorianischen Gesang bis hin zu Schönberg aufweist. Daran dachte Goethe, als er vor eineinhalb Jahrhunderten davon sprach, daß die Zeit der Nationalliteraturen vorbei sei und die der Weltliteratur begonnen habe. Eine luzide und revolutionäre Bemerkung, die niemals verstanden wurde. Europa ist es nie gelungen, seine Literatur als ein Ganzes zu begreifen. Das ist ein entscheidendes Versagen Europas.

— ***Weltliteratur bedeutet also europäische Literatur?***

— Natürlich. An Europa oder — wenn Sie so wollen — das Abendland dachte Goethe, als er 'Welt' sagte. Die Literatur aller Kulturen ist nur eine Addition, keine Einheit.

— ***Aber warum sich auf Europa beschränken?***

— Man kann sich anderen Kulturen nähern, sie lieben, sie verstehen, sich von ihnen anregen lassen — aber man kann weder aus der eigenen Kultur noch der eigenen Geschichte aussteigen. Ich kenne diese seltsame Scham, die die Europäer hindert, das Wort Europa auszusprechen und damit ihre eigene Kultur zu meinen. Aber ich stamme aus einem kleinen europäischen Volk, das niemals Kolonien hatte und niemals auf Eroberungen aus war. Und ich ertrage es schlecht, wenn die großen europäischen Völker ihren Schuldkomplex, ihre Scham, Europäer zu sein, exportieren wollen. Das ist die letzte und zugleich die dümmste Form ihres Imperialismus.

— In Europa hat es zwischen Demokratie und Kultur eine erstaunliche und dauerhafte Allianz gegeben. Gerät dies langsam in Vergessenheit?

— 1935 hat Edmund Husserl in Wien und Prag Vorträge über die Krise Europas gehalten, die so etwas wie sein philosophisches Testament waren. Er hat die Frage nach dem Überleben der Bevölkerung Europas gestellt. Für mich ist das noch immer eine erschütternde Koinzidenz: die Reflexion über das mögliche Ende Europas fand in den beiden Hauptstädten Mitteleuropas statt, und eben dieses Mitteleuropa ist einige Jahre später wirklich von der Karte des Westens verschwunden. Und nicht nur, daß es verschwunden ist, auch sein Verschwinden selbst ist verschwunden. Von niemandem bewußt wahrgenommen. Denn Europa interessiert sich nicht mehr für Europa. Kein Husserl, der die Frage der europäischen Krise aufwerfen könnte. Eine so schwere Krise, daß niemand mehr in der Lage ist, sie zu erfassen und zu durchdenken.

— Nachdenken kann man sich sparen, wenn man die Schuld einfach den Amerikanern gibt?

— Genau. Amerikanisierung Europas — das ist nur eine falsche Bezeichnung für den kulturellen Verfall Europas.

— Sie haben einen Satz Goethes erwähnt. Was daran war wirklich revolutionär?

— Diese Äußerng implizierte eine radikale Veränderung des Bewertungskriteriums. Man fragt sich nicht mehr: Was hat dieses oder jenes Werk meinem Dorf zu einem bestimmten Zeitpunkt Neues gebracht? Man fragt: Was hat es der Weltliteratur Neues gebracht? Literatur — oder besser: der Roman, denn allein um ihn geht es mir hier — wird somit als übernationaler Prozeß verstanden, der nach und nach die verschiedenen unbekannten Aspekte des menschlichen Seins enthüllt. Nur das Werk, das zu diesem kontinuierlichen Erkenntnis- und Entdeckungsprozeß irgend etwas beiträgt, gehört zur Weltliteratur. Ich gebe Ihnen ein Beispiel. Es gibt zwei Romane, die ich sehr bewundere: ***Tristram Shandy*** von Sterne und ***Jacques le Fataliste*** von Diderot. ***Jacques le Fataliste*** wird in Frankreich unglaublich unterschätzt. Warum? Weil sein wirklicher Wert sich nur dann erschließt, wenn man es unter dem Blickwinkel der Weltliteratur betrachtet. Diderot und Sterne haben völlig überraschende Möglichkeiten der Romanform endeckt, Möglichkeiten, die im Laufe des 19. Jahrhunderts dann wieder vergessen wurden. ***Jacques le Fataliste*** hat den Romanbegriff selbst erweitert und bleibt bis zum heutigen Tag eine Herausforderung. Eine an die Zukunft des Romans gerichtete Einladung. Ein anderes Beispiel: ***Terra Nostra*** von Carlos Fuentes. Einzig und allein, wenn man dieses Werk in einen Kontext stellt, der bei Rabelais beginnt und bis heute reicht, erschließt sich die radikale Neuheit dieses Romans, der ebenfalls den Romanbegriff selbst erweitert hat. Er spielt zu verschiedenen Epochen (erfaßt wird ein Zeitraum von zwei Jahrtausenden) und erstellt eine Bilanz der westlichen Welt zum Zeitpunkt ihres möglich gewordenen Untergangs. Der lateinamerikanische Kontext allein reicht nicht aus, uns das wirklich Neue dieses Romans erkennen zu lassen; dies gelingt nur im Kontext der Weltliteratur.

— ***Sie haben die Literaturgeschichte mit der Musikgeschichte verglichen und festgestellt, daß letztere spontan als übernationale Einheit begriffen wird. Nun ist Literatur aber so eng an die Landessprache gebunden, daß Weltliteratur vielleicht nur ein Konstrukt ist.***

— Das wäre allerdings traurig, weil meine Romane nur in Übersetzungen gelesen werden.

— ***Mit Übersetzungen haben sie ja selbst nur unangenehme Erfahrungen gemacht. Vor drei Jahren haben sie die erste französische Übersetzung von*** **Der Scherz** ***vollständig zurückrufen lassen.***

— Ja, der erste Übersetzer hatte meinen Text um eine Menge schmückender Metaphern bereichert und, um den Stil 'lebendiger' zu machen, Argot-Ausdrücke eingefügt. Der gesamte Gedankengang wurde durch ihn verschwommen und unverständlich. Aber ich kann ihm nicht einmal böse sein, schließlich wollte er mich nur 'verbessern' und hat meinen Text nicht aus Nachlässigkeit, sondern aus Eifer und in bester Absicht verdorben. Dieser traurige Vorfall bedeutet aber nicht, daß eine getreue Übersetzung unmöglich ist. Sehen Sie sich die Übersetzungen von François Kérel an, sie sind genausogut wie das Original, wenn nicht besser und völlig getreu.

— Stehen Treue zum Original und sprachliche Schönheit der Übersetzung nicht in einem Widerspruch zueinander?

—Das hört man oft, aber ich kann Ihnen aus meiner Erfahrung nur berichten, daß eine Übersetzung um so schöner ist, je getreuer sie dem Original folgt. François Kérel geht so weit zu sagen: 'Man muß sehen, was das ist, eine Übersetzung, und aus deinem Text keine französische Prosa machen.' Wenn Verleger eine Übersetzung loben wollen, sagen sie oft: 'Das klingt flüssig!'; doch das sind die konventionellsten Texte, diejenigen, die 'flüssig klingen'.

— Ist **Der Scherz** *Ihr Lieblingsbuch?*

— Ich mag sie alle fünf.

— Mit 'Lieblingsbuch' meinte ich das Buch, an dem Sie aus innerlichen oder persönlichen Gründen am meisten hängen.

— Das wäre eher **Risibles Amours**. Das glücklichste all meiner Bücher, ein euphorisches Buch, entstanden in einer unbeschreiblichen Atmosphäre, die während der kurzen Zeit der Liberalisierung in der Tschechoslowakei herrschte. Die Freiheit drückte sich vor allem im Liebesleben aus. Das hatte nichts mit einer sexuellen Befreiung zu tun, die mir hier so künstlich, aufgesetzt, ideologisch, verbal, dogmatisch, nüchtern und todernst vorkommt. Statt die Tabus lustvoll auszukosten, zu umgehen, zu verletzen — schafft man sie ab.

Was für eine Dummheit!
Was für ein selbstmörderisches und asexuelles Verhalten!

— ***Sie haben von der Weltliteratur als dem einzigen Zusammenhang gesprochen, der zählt...***

— Der einzige, der unter dem Gesichtspunkt des Wertes zählt...

— ***Was ich sagen will: Ihre Bücher sind trotzdem in Prag verwurzelt.***

— Natürlich. Die meisten Erfahrungen meines Lebens habe ich in der Tschechoslowakei gemacht.

— ***War Ihre Übersiedelung nach Frankreich dann eine Entwurzelung oder eine Bereicherung?***

— Eine Bereicherung. Ohne jeden Zweifel und in jeder Bedeutung des Wortes.

— ***Und wie sieht Ihre literarische Ahnengalerie aus?***

— Im Telegrammstil: Rabelais, der Diderot des ***Jacques le Fataliste***, Broch, Musil, Gombrowicz. Das alte Frankreich und das Mitteleuropa unseres Jahrhunderts.

— ***Dieses Jahr ist hier in Frankreich ein großer Romancier aus Mitteleuropa wiederaufgelegt worden, der Wiener Joseph Roth. Mir scheint, daß er es war, der die Nostalgie als großes Thema in die Literatur eingeführt hat. Nicht die — kurz gesagt: banale — innere Sehnsucht, sondern die Sehnsucht nach einer verlorenen Welt. Sind Sie nicht ein bißchen der Nachfahre von Joseph Roth?***

— Vielleicht. Joseph Roth hat 1918 sein Vielvölker-Vaterland verloren, die Donaumonarchie, die in mehrere Staaten zerbrochen ist, die zwei Jahrzehnte später von Rußland geschluckt worden sind. Joseph Roth ist nicht mein Lieblingsschriftsteller, aber Sie haben recht, von seiner Nostalgie habe ich etwas geerbt.

— ***Und Kafka?***

— Als ich mit vierzehn Jahren ***Das Schloß*** gelesen habe, hat es mich in den Bann geschlagen. Das war einer der ersten Schocks, die mir die Literatur bereitet hat.

— ***Sie haben von dem Mangel an Reflexion in der zeitgenössischen Kritik gesprochen. Widerspricht der Fall Kafka nicht dieser These? Schließlich ist er in aller Munde.***

—An den Universitäten in der ganzen Welt produziert man jährlich mehrere Tausend Seiten über Kafka. Diese Disziplin hat sich ihren eigenen Namen verdient: Kafkalogie. Ein anmaßendes, geziertes und unglaublich eintönigen Geschwätz, das sich selbst nährt und für die Kunst Kafkas völlig unempfänglich ist. Kafkalogie, das heißt: Kafka vergessen. In diesem Jahr feiern wir seinen hundertsten Geburtstag. Wenn Sie Kafka wiederfinden wollen, müssen sie die Kafkalogie vergessen.

— ***Und was halten Sie von Ihren französischen Zeitgenossen?***

— Neulich habe ich den letzten Film von Alain Resnais gesehen: ***Das Leben ist ein Roman.***Wir haben festgestellt, daß uns beide dasselbe Problem fasziniert hat.

— ***Nämlich. . .***

— Der Kontrapunkt. ***Mein Onkel aus Amerika*** ist – technisch betrachtet — eine Polyphonie zweier synchron ablaufender Geschichten und einer wissenschaftlichen Konferenz (über das Verhalten der Ratten). Sein letzter Film ist der Kontrapunkt dreier asynchroner Geschichten (eine geschieht heute, die andere vor fünfzig Jahren, die dritte vor Jahrhunderten). Das ist die Methode des **Buchs vom Lachen und vom Vergessen**. Der dritte Teil ist der Kontrapunkt aus vier Elementen: ein autobiographischer Bericht, eine fiktive Geschichte, eine gnostische Erzählung und ein Essay. Der sechste Teil ist die Polyphonie einer Traumerzählung (Tamina auf der Kinderinsel) und eines autobiographischen Berichts (der Tod meines Vaters). Der Ehrgeiz eines Romanciers oder Regisseurs, der mit Polyphonie arbeitet, ist es, die Zäsuren zwischen den verschiedenen Elementen zu verwischen, sie vergessen zu machen. Und das ist Resnais in ***Mein Onkel aus Amerika*** auf bewundernswerte Weise gelungen. Dieser so komplexe Film kommt ganz einfach daher. Es gibt noch ein anderes Prinzip, das mit der Technik der Polyphonie verbunden ist: das Variationsprinzip. Die drei Geschichten in ***Das Leben ist ein Roman*** sind drei Variationen ein und derselben Situation. Dieses Prinzip ist mir auch sehr nahe. **Das Buch vom Lachen und vom Vergessen** ist ein 'Roman in Form von Variationen'. Und meine Adaption von ***Jacques le Fataliste*** ist nichts weiter als ein Versuch, die Wurzeln dieser Technik in der alten Literatur wiederzufinden.

— ***Sie machen sich sehr formalistische Gedanken!***

— Es ist mir unmöglich, nicht Formalist zu sein. Sie können nur dann einen Roman schreiben, wenn Sie sicher sind, bisher unerschlossene formale Möglichkeiten dieses Genres entdeckt zu haben. Andernfalls sind Sie einfach ein Skribent, der ein kleines Tagesereignis vorbereitet.

— ***Aber wenn nun heute alles auf Aktualität hinausläuft und zum Vergessen verurteilt ist? Bleibt da ein Unterschied zwischen einem Skribenten und einem Schriftsteller?***

— Der Unterschied bleibt enorm, aber er läuft Gefahr, unmerklich zu werden.

Paris, den 18. April 1983

MARCEL ARLAND: PORTRÄT DES KÜNSTLERS IN SEINEM BAU

«Schreiben bedeutet Suche nach einer Erlösung für sich selbst.» Er spricht sachte, mit gedämpfter Stimme; unmöglich, bei dieser höflichen Art, etwas von der Heftigkeit seiner Wutausbrüche zu ahnen. Er trägt englische Wolle, eine braune Jacke, einen dicken Schal, eine grüne Krawatte; seine Haare sind weiß, doch sein Gesicht hat die bäuerlich-gesunde Farbe der Leute aus Varennes-sur-Amance. Denn dort ist Marcel Arland, der jugendlich-elegante Greis, vor 84 Jahren geboren und in einem ländlich-kleinbürgerlichen Milieu aufgewachsen, nicht weit entfernt von den Befestigungen von Langres — der Geburtsstadt Diderots — und in der Nachbarschaft von Domrémy und Alésia. Gärten an sanften Hängen, Wäldchen und Hanffelder, das Grab seines Vaters. Eine gefühlsstarke, doch glückliche Kindheit. Und mit elf Jahren liest er an einem Ferientag, versteckt auf dem Dachboden, den ***Lucien Leuwen.***

Heute lebt er in Brinville — dessen Nachbarorte in der Ebene von Fontainebleau, Milly-la-Forêt und Barbizon sind — in einem großen Haus aus dem 18. Jahrhundert, eine Autostunde von der ***Académie francaise*** entfernt. Ein kleines Porträt von Stendhal schmückt die Wand seines Schreibzimmers.

Arlands Leben ist, von Varennes nach Brinville, durch die Literatur geprägt worden. Als Student an der Sorbonne leitet er die Literaturseite einer Zeitschrift, ***l'Université de Paris,*** zu deren Mitarbeiter die bedeutendsten Schriftsteller der älteren Generation gehören: Proust, Mauriac, Morand, Giraudoux. Der junge Arland schickt sein erstes Manuskript an Gide: «Würden Sie mir bitte Ihren Eindruck mitteilen und Ihre Antwort adressieren an: M.A., Studentenverbindung, Rue de la Bûcherie?»

Die Antwort läßt nicht auf sich warten: «Lieber Unbekannter, wir werden uns kennenlernen, ob Sie nun wollen oder nicht. Ich gebe Ihr Manuskript weiter an Gaston Gallimard, Jacques Rivière und Jean Paulhan.» Das war 1922.

Arland verpflichtet sich für drei Jahre bei der Armee, weil das die einzige Möglichkeit ist, nicht irgendwohin in die Provinz verschlagen zu werden, und dient als Offiziersanwärter in der Pariser Kaserne La Tour Maubourg. Seine Waffenbrüder heißen Crevel, Limbour, Dhôtel, Vitrac und Jacques Baron. Dieses intellektuell-pazifistische Bataillon gibt eine Zeitschrift heraus: ***Aventure.*** «Zeitschriften gab es viele zu dieser Zeit. Das war nichts Dauerhaftes; um die zehnte Nummer herum wurden sie oft eingestellt, aber dieses Feuer war da. Während unserer Militärzeit hatten wir zwei Zimmer in einem Haus in Meudon, 'Val Fleuri', gemietet. Drei Monate lang war Dhôtel für mich in der Kaserne, und ich kümmerte mich um die Zeitschrift. Später haben wir uns dann getrennt. Dhôtel ging als Lehrer nach Griechenland, Limbour nach Ägypten, Jouhandeau wurde Lehrer an einer Konfessionsschule, Ramon Fernandez und ich selbst begannen, Sprach- und Literaturunterricht an der Schule von Montcel zu geben.»

Aventure wird eingestellt und durch ***Dés*** ersetzt. Nur eine einzige Nummer kommt heraus, aber ein guter neuer Mitarbeiter wird gewonnen: André Malraux. Arland nennt ihn 'Ich-weiß-alles'. Die erste Erzählung Arlands ist ihm gewidmet. Das Buch erscheint 1923 und erhält sofort eine enthusiastische Kritik von Larbaud.

Der Journalist, Kritiker und Herausgeber Arland gehört zu den Entdeckern von Céline (dessen ***Reise ans Ende der Nacht*** ihm auffällt), Raymond Guérin (***l'Apprenti*** ist ihm gewidmet) und, später, J.-M.G. Le Clézio. In Brinville lebt er inmitten von Büchern, seinen eigenen, fast sechzig — «ich mag sie nicht wiederlesen» —, und denen anderer, fast sechzigtausend. Er setzt einen Hut auf, als wir das Wohnzimmer verlassen, in die oberen Stockwerke hinaufklettern, dort seine Regale erkunden. Von einem Buch von Catherine Rihoit sagt er: «Ein bekanntes Buch ist das!» und vor einem Schrank voll mit all seinen Manuskripten: «Da werde ich richtig gerührt.» Fast alle hat er sie Gaston Gallimard gegeben: «Er hat alle meine Bücher veröffentlicht, ohne sie je dem Prüfungsausschuß vorzulegen. Als ich 1929 den ***Prix Goncourt*** bekommen habe, fühlte er sich bestätigt. Vielleicht hat er erwartet, daß ich ihm jedes Jahr ein dickes Buch liefern würde. Als ich ihm **Antarès** gegeben habe, 125 Seiten stark, hat er zu mir gesagt: 'Das ist gut, aber doch ein Gedicht.' Später habe ich Novellen geschrieben; niemals hat er sich erlaubt, etwas dazu zu bemerken. Nach dem Krieg war mein Büro bei der ***Nouvelle Revue Francaise*** neben dem von Gaston. Ich sah ihn jeden Tag. Er war der größte Verleger, den ich gekannt habe. Ich bedaure es, die Zeitschrift nicht verlassen zu haben, als er gestorben ist. Wenn für ihn jemand ein wirklicher Schriftsteller war, brachte er sein Buch auch dann heraus, wenn er wußte, daß es sich nicht verkaufen würde.»

So komfortabel und verschwenderisch das Erdgeschoß von Arlands Haus eingerichtet ist, so schlicht und einfach sieht es in den oberen Stockwerken aus. Doch überall hängen Bilder seiner Freunde, von Chagall bis Masson. «Das Feuer gab es auch in der Malerei; heute dagegen scheint die Malerei, wie alles, ins Schwimmen geraten zu sein.» Hinten im Gang ist das «Schreckenskabinett — von allem etwas, auch sehr schöne Sachen», ein Sammelsurium: Kubistisches von Fernand Léger, ausgediente Weihnachtsgirlanden, ein Foto seines Vaters, ein Portrait von Marie Laurencin, das Cocteau von ihr gemacht hat, als sie die Freundin von Apollinaire war, unzählige Ansichten der Kirche von Brioude, deren Schutzheiliger Arland beinahe geworden ist, und Landkarten der Bretagne. Arlands Korrespondenz ist im ganzen Haus verstreut: ein Koffer voller Briefe von Malraux, in Wandschränke gepreßte Knorr- und Omo-Kartons, auf denen mit rotem Filzstift geschriebene Namen wie Gide, Giradoux, Green, Martin du Gard, Chardonne oder Drieu stehen. In seinem

Schreibzimmer herrscht die liebenswerte Unordnung eines Mannes bei der Arbeit. Ein Tisch auf Böcken, ein Tuchsessel, ein niedriger Fußschemel und ein elektrisches Heizöfchen auf rotgemustertem Boden. «Sie glauben nicht, wie gut man hier arbeiten kann.» Zwei Schrankkoffer stehen in seinem Schreibzimmer; die gesamte Korrespondenz von Paulhan lagert darin. So als wachte die graue Eminenz noch über die Arbeit seines Nachfolgers in der Leitung der ***Nouvelle Revue Francaise (NRF).*** Von einem kleinen Fenster sieht man auf den Park. Eine Gruppe fröstelnder Bäume im Nebel. An der Wand hängt ein Bild von Pascal, gezeichnet von Malraux, eine Maus anstelle der üblichen Katze. Arland findet Vergnügen daran, so zu tun, als entdecke er alles neu. Er klettert auf einen Hocker, um ein Foto zu erreichen; Malraux, Supervielle, Valéry, Paulhan und er selbst sind darauf zu sehen.

«Den jungen Leuten heutzutage werden vielleicht nicht die gleichen Chancen geboten wie uns damals. Die Verleger schlossen früher regelrechte Wetten über die Zukunft ab. Heute verlangen sie vor allem einen Namen und kommerzielle Qualitäten. Ich habe noch in diesem Jahr sehr gute Manuskripte gelesen, die keinen Verlag gefunden haben. Aber gleichzeitig mit den Verlegern hat sich vielleicht auch das Publikum geändert. Gaston pflegte vom 'gebildeten Publikum' zu sprechen, und wirklich gab es ja zwischen fünf- und zehntausend Leser, die ihren Autoren die Treue hielten und ihnen von Buch zu Buch folgten. Dieses Publikum existiert nicht mehr. Es ist untergegangen.»

Arland sagt, er habe sein Leben in den Dienst der Literatur gestellt. Wie jene redlichen Großbüger des 19. Jahrhunderts, die sich als hohe Beamte, Militärs oder Diplomaten ganz für den Staat aufopferten, war Arland für die Literatur seines Vaterlandes da; 1940 aber, als Drieu ihn als Mitarbeiter der NRF haben wollte, hat er verstanden, abzulehnen. . .

Folgerichtig führt Arlands Weg in die ***Académie,*** «tot durch den Einbruch der verdammten Schriftsteller»

(Malraux in ***l'Homme précaire***). «Sie darf kein Salon sein, sie muß einen Kampf führen. Ich bin nicht kompetent genug, die Chansons von Trénet beurteilen zu können, aber ich weiß, daß es uns an Schriftstellern mangelt, und besonders an Dichtern.» Mehr denn je widmet sich Arland heute der Lektüre. Er liest Erstlinge genauso wie Bücher, die ihn sein Leben lang begleitet haben: Pascal, Nietzsche, Marivaux, Stendhal, Tacitus, Saint-Simon, Rabelais, Diderot. Aber der ***Salon du livre*** mit seinen Aufregungen und Autorenpräsentationen ist ihm immer noch fremd: «Da habe ich nie einen Fuß hineingesetzt. In meinem ganzen Leben habe ich keine einzige Signierstunde gegeben. Da kommt meine eigenbrötlerische Seite zum Vorschein. . .»

Brinville, den 20. April 1983

ALBERTO MORAVIA: LETZTE STILÜBUNG

«Selbstmord ist eines der Themen von **1934**. Mein Selbstmord? Ja, mein Selbstmord. Mit mir habe ich mich beschäftigt, als ich dieses Buch schrieb. Denn zwischen 1975 und 1980 habe ich oft an Selbstmord gedacht. Aber schließlich bin ich zu dem Glauben gekommen, daß man aus Verzweiflung nicht sterben muß. Im Gegenteil: man muß aus ihr leben. Wie ein Stoiker. Oder sogar wie ein Christ.»

Alberto Moravia redet über sich selbst, als ginge es um einen anderen. Gleichgültig. Keinerlei Regung in seinem maskenhaften Gesicht. Er spricht schnell, mit schnarrend-metallischer Stimme, stoßweise und unbeirrbar. Sein kühler, nicht übertrieben höflicher Blick ist der eines Mannes, der es gewohnt ist, seine Gefühle unter Kontrolle zu halten. Er ist über 75, aber er hält sich kerzengerade, ein hagerer und energischer Greis mit der Figur und den Kleidern eines jungen Mannes.

Dieser unbeugsam wirkende Mann, stolz aufgerichtet im Gedanken an den bezwungenen Tod und offenkundiger Sieger über eine Verzweiflung, die er gewendet und entleert hat wie einen alten Sack, war in seiner Kindheit hinfällig und früh vom Tode bedroht, erfuhr sehr bald, was Lebensekel ist. In seiner Jugend fesselte ihn eine Knochentuberkulose ans Krankenbett, verschlug ihn die demütigende und ungerechte Krankheit jahrelang in Hospitäler und Erholungsheime. «Ich bin niemals zur Schule gegangen. Acht Jahre habe ich im Bett verbracht, von neun bis siebzehn. Aber ich hatte ein Bibliotheksabonnement und las ein Buch pro Tag. In drei Sprachen: Italienisch, französisch und deutsch.» Das Schreiben setzte dem gierigen Lesen ein heilsames Ende. **«Lassitude de courtisane** war meine erste Veröffentlichung. Sie erschien auf französisch in der zweisprachigen Zeitschrift ***Novecento***, die von Malaparte geleitet wurde und zu deren ersten Mitarbeitern ich gehörte. Das war 1927.» Zwei Jahre später veröffentlichte Moravia seinen ersten Roman: **Die Gleichgültigen**. Durch den Erfolg seines Erstlings wird er auf Anhieb als Schriftsteller bekannt. Er ist 22 Jahre alt. Ein halbes Jahhundert später zeugen ein Dutzend Romane, Novellen und Reisebeschreibungen von einem erfüllten Leben, das sich ausmacht wie eine lange und unnachgiebige Rache an seiner anfänglichen Aussichtslosigkeit.

«Jeden Morgen stehe ich gegen sieben Uhr auf. Und um acht Uhr bin ich an der Arbeit. Jeden Tag und seit langer Zeit. Dafür schreibe ich nachmittags keine Zeile. Ich mache Spaziergänge, treffe mich mit Freunden, gehe ins Kino. Bilder entspannen.» Kino ist für Moravia nicht nur Erholung. In Italien ist er auch für seine Filmkritiken bekannt. Hunderte hat er davon geschrieben, für den ***Espresso*** und (die besseren) für den ***Corriere***. Fünfzehn von Moravias Büchern sind verfilmt worden, unter anderem von Godard, De Sica und Bertolucci. «Nicht immer ist alles sehr gut gelaufen. Es hat grauenhafte Adaptionen gegeben, die ich mir nicht anschauen mochte. Und sogar bei der Verfilmung von **Die Verachtung** gab es Probleme. Ich stehe allerdings grundsätzlich auf dem Standpunkt, daß der Roman und seine Adaption zwei verschiedene Dinge sind. Man muß von dem Regisseur verlangen, gut zu sein, nicht getreu.»

In den Zeitungen, für die er als Kritiker schreibt, veröffentlicht Moravia auch Reportagen. Ein- oder zweimal im Jahr lichtet er die Anker, verläßt Italien und wechselt den Kontinent. Aber bis ans Ende der Welt bleibt er dieser Zweiteilung seines Tages treu und behält auch als Abenteurer die ertragreichen Gewohnheiten des Halbtagsschriftstellers hartnäckig bei. «Durch das Flugzeug ist die Welt kleiner geworden. Das nutze ich aus. Aber von acht bis zwölf arbeite ich, egal wo ich bin. Zweimal bin ich schon in China gewesen, dreimal in Japan, einmal in den Vereinigten Staaten, ein anderes Mal in Lateinamerika, mehrmals in Indien. Gerade komme ich von einer Enquete über die Atombombe zurück, die mich von Frankfurt nach Tokyo geführt hat. Und mit großer Regelmäßigkeit reise ich nach Afrika. Fast zwanzigmal bin ich schon dort gewesen. Afrika ist für mich das, was Italien für Stendhal war. Ein exotisches Erlebnis im besten Sinne des Wortes. Stendhal fand seine Energie in Italien, ich finde die meine dort unten, im Busch oder bei den Pygmäen. Zweimal bin ich schon den Kongo hinaufgefahren, durch die Gebirgslandschaft bis zum Tanganjika-See gereist. Ich habe die Route von Gide nachvollzogen. Er ist damals in Kamerun aufgebrochen und hat zwei Jahre gebraucht, bei mir hat es nur zwei Monate gedauert. Diese Afrikabegeisterung hatte ich schon als Kind. Mein Vater besaß ein großes Buch mit Kupferstichen, es hieß: ***Auf der Suche nach den Quellen des Nil.*** Nach all diesen Rundreisen in Afrika denke ich heute, daß die wahre Verkörperung Afrikas der Baum ist. Es gibt Affenbrotbäume, die sind reine Wunder. Unterwegs lese ich ungeheuer viel. Gedichte, englische Romane, ethnographische Bücher. In Kamerun habe ich den ganzen Fitzgerald wiedergelesen. Und in einer gräßlich wilden Gegend in der Nähe des Rudolf-Sees habe ich, umgeben von furchterregenden, bis an die Zähne bewaffneten Kriegern, die zu einem Stamm gehören, der mit seinen Nachbarn in ständigem Streit lebt, das Buch von Deleuze über Nietzsche gelesen.»

Das Telephon läutet. Moravia, der Afrikaner, erhebt sich und hinkt, auf einen Gehstock mit Silberknauf gestützt, zum Apparat. Während des Telephongesprächs stampft er wütend mit einem Fuß auf; auch der Gehstock tappt auf den Boden. Als er zurückkommt, macht er ein übelgelauntes, verärgertes Gesicht, nimmt aber ohne besondere Vehemenz in seinem gedehnten Französisch unser Gespräch wieder auf.

Wie er da in der äußersten Ecke seines Diwans sitzt, wirkt er auf eine strenge und unzugängliche Art elegant — und seltsam gelassen. Plutarch hätte in einer seiner Lebensbeschreibungen berühmter Männer vielleicht geschrieben, daß eine «kraftvolle» Ausstrahlung von ihm ausgehe. Alberto Moravia ist in höchstem Maße römisch, gleichzeitig Imperator, Edelmann eines spottlustigen 18. Jahrhunderts, vertrauter Vagabund einer Hauptstadt, die mit ihren staubigen und schiefgepflasterten Sträßchen lange Zeit die bäuerlichste von Europa war.

Moravia wurde in Rom geboren — jedoch war sein Vater ein liberaler bürgerlicher Jude aus Venedig, seine Mutter slawischer Herkunft — und wohnt heute am Tiberufer, in einem durchschnittlichen, modernen Wohnhaus mit fünf Stockwerken, das in einem ruhigen Viertel liegt. Eine Hausmauer zeigt leichte Risse. Aber er lebt lieber hier als in einem der allzu geschichtsbeladenen *Palazzi*. Weil er seine Zeit mag und weil er sich bestimmt fürchtet, sich in der Epoche zu irren. Auf seiner Terasse stehen der Lorbeer und die Geranien strauchhoch. Am gegenüberliegenden Ufer sieht man einen bewaldeten Hügel, ein echtes Landhaus, darauf eine Fernsehantenne, Tennisplätze, von denen ein dumpfes Geräusch zurückgeschlagener Bälle herüberdringt, Fluchten schöner Fassaden. «Ich mag dieses Viertel. Es ist ein unentdecktes und modernes Rom. Man könnte glauben, in einer kleinen amerikanischen Stadt, etwa in Kalifornien, zu sein. Rom ist für mich immer nur ein Szenarium gewesen, der Hintergrund einer Szene, will sagen, auf keinen Fall ein entscheidendes Element. Ich habe beim Schreiben einfach nur das Material genommen, das ich in Reichweite hatte.»

In den Regalen seiner wohlgeordneten Bibliothek stehen viele französische Bücher; auf einem niedrigen Tisch liegen Butor und Deleuze. «Es stimmt, daß ich in der französischen Literatur besonders die Essayisten schätze: Foucault, Barthes, Lévi-Strauss, Blanchot. Der letzte Romancier, den ich sehr gerne gemocht habe, war der späte Céline. In Italien haben wir wenige Essayisten von Rang, aber dafür eine Reihe bemerkenswerter, ausgezeichneter Erzähler. Selten kommt es vor, daß ein italienischer Schriftsteller in einem Roman ein Gesellschaftsbild zeichnet, wie Proust oder Stendhal dies taten. Mich selbst ordnet man als Romanschriftsteller ein, aber wenn man genauer hinsieht, bemerkt man, daß meine Bücher eher als Romane verkleidete Dramen sind. Es ist dies eine Besonderheit der französischen Literatur, in jeder Generation einen großen Romancier hervorzubringen, der nur ein Thema hat: die französische Gesellschaft.

Aber wir haben Erzähler. Einer der größten unter ihnen war Carlo Emilio Gadda. Ich kannte ihn gut, wir waren befreundet. Ein typischer Vertreter des Erzählerischen mit einem hochentwickelten Sinn für Philosophie, Sprache, Dialoge. Er war ein virtuoser Schriftsteller, der die Feinheiten der Sprache meisterhaft beherrschte, das gleiche Sprachempfinden besaß wie Joyce. Die Personen in seinen Büchern existierten, weil jede von ihnen ihre eigene Sprache spricht. Im wirklichen Leben war Gadda ein armer Großbürger, ein sehr großer und beleibter Mann, zugleich äußerst vorsichtig und ängstlich. Von Beruf war er Ingenieur; er legte viel Wert auf Institutionen wie die Bank, die Presse oder den König und mochte es nicht, daß man sich über die Institutionen mokierte — tat es aber gleichzeitig selbst.

Zu Anfang war er ausschließlich Schriftsteller in Mailand. Man darf nicht vergessen, daß jede Stadt in Italien ihre literarischen Traditionen, ihren Dialekt hat. So wurde etwa das Archiv der Stadt Venedig auf venezianisch geführt. Mailand, Rom, Neapel, Palermo — jede Stadt hat ihre eigene Sprache. Florenz habe ich deshalb nicht erwähnt, weil die Sprache dieser Stadt von ganz Italien übernommen worden ist. Und Gadda war also Mailänder und schrieb Novellen über Mailand, die für mich das Schönste sind, was es von ihm gibt. Als er nach Rom gegangen ist, hat er begonnen, in römischen Dialekt zu schreiben, wie später Pasolini. Die Jugend kennt ihn kaum. Aber im Gegensatz zu Frankreich — dem Land der Welt, in dem die Literatur die größte gesellschaftliche Bedeutung hat — ist in Italien jede Generation in bezug auf die vorangegangene völlig ignorant.»

In diesem Italien, das mit seinen Dichtern so leichtfertig umgeht, hat Moravia sich die Zeit zur Verbündeten gemacht. Sein Schaffen erstreckt sich über fünfzig Jahre und trotzt unübersehbar dem Vergessen. Der von der Tuberkulose Geschwächte hat einen langen Atem bewiesen und als produktiver Autor mehrere Lesergenerationen an sich gebunden. 1945 begrüßt er den Frieden mit der ungeheuer dicht erzählten Geschichte eines Sommers und einer Verwirrung, **Agostino**, ein ausgefeiltes und erregendes Buch, mit dem er neue Anhänger gewinnt. Und 1979 werden von **Desidera** in Italien immerhin 250 000 Exemplare verkauft. Moravia — immer noch da: der «ewige Moravia» hat es geschafft, so lange präsent zu bleiben, daß er schließlich mit seiner Art des alten, bedeutenden Lehrmeisters, mit dem erdrückenden Gewicht seiner Persönlichkeit, mit seinem regelmäßigen Ausstoß von 800 Seiten pro Jahr einige irritiert hat. Der Mitarbeiter der Zeitschrift des jungen Malaparte leitet viele Jahre danach eine andere, früher zusammen mit Pasolini, heute gemeinsam mit Sciascia: *Nuovi Argomenti*.

Mit seinem letzten Roman, **1934**, geht Moravia auf Spurensuche in der Vergangenheit: er schließt einen Kreis. Eine der Personen seines Buchs ist jener Mann, der, im realen Leben, über seine ersten Schritte als Schriftsteller wachte. «Das stimmt, der Shapiro aus **1934** hat wirklich gelebt. Sein richtiger Name war Bernard Berenson, er war ein bekannter amerikanischer Kritiker. Mit zwanzig Jahren habe ich oberhalb von Florenz einen Sommer bei ihm verbracht, um ihm meinen ersten, noch unveröffentlichten Roman vorzulesen: *Die Gleichgültigen*. Immer nachmittags, nach dem Essen. Er sagte nichts. Kein Wort. Aber nach der letzten Seite gab er endlich ein Urteil ab und bemerkte: '*A remarkable achievement*', eine bemerkenswerte Leistung also. Er war ein Mann des *Fin de siècle*, des dekadenten Europa, der Proust gut gekannt hatte und mir erzählte, der habe schlecht gerochen und wie ein Teppichhändler gewirkt. Er wußte unglaublich gut über Renaissancemalerei Bescheid und kannte alle Meister,

Untermeister und obskuren Maler; er war es, der einige der Sammlungen amerikanischer Milliardäre zusammengestellt hat. Ein jüdischer Snob, der immer '***we Anglo-Saxons***' sagte und sich morgens seine Uhr, bevor er sie ums Handgelenk legte, vorwärmen ließ, damit es ihn nicht friere.»

Noch eine andere Erinnerung an seine entschwundene Jugend liegt Moravias **1934** zugrunde. Die Erinnerung an eine deutsche Frau, die er 1933 in Sorrent flüchtig geliebt, auf einer Treppe verstohlen umarmt hatte. «Jeder hat seinen Schlüssel zur Wirklichkeit. Bei Balzac ist es das Geld. Für mich sind es eher die Frauen. Und in all meinen Romanen beginnt es mit Sex und endet bei Liebe. Das ist heute vielleicht auch die Realität. Früher war es umgekehrt.» Moravia hatte sich in den Kopf gesetzt, die flüchtig Geliebte in Berlin wiederzutreffen. Aber über der Reichshauptstadt wehte die Hakenkreuzfahne. Gewalt und Unheil lagen in der Luft. In seinem Hotel wimmelte es von Braunhemden. Stiefellärm und Kriegsgerede übertönten die Orchestermusik in den Bierlokalen. Niemand wußte, was der nächste Tag bringen würde. Und auch die Frau von der Treppe in Sorrent hatte sich verändert.

«Ich wollte die Schwierigkeit zeigen, in einer Diktatur zu leben, und habe das Jahr 1934 gewählt, weil man zu dieser Zeit einem Nazi die Hand schütteln und gleichzeitig noch einen russischen Terroristen der Jahrhundertwende kennen konnte. Dieses Jahr bildete einen Angelpunkt der terroristischen Entwicklung in der Welt. Ich glaube, daß in den dreißiger Jahren drei Superterroristen die Massen aufgepeitscht haben und von ihnen bewundert wurden: Stalin, Mussolini und Hitler. Der moderne Terrorismus geht auf diese Regime zurück. Zur damaligen Zeit waren ganze Nationen terroristisch. Insbesondere Deutschland und Rußland waren terroristische Staaten, die die Welt in Angst und Schrecken hielten. Heute, glaube ich, sucht der Terrorist Lösungen für seine persönlichen Probleme und Frustrationen, wird von falsch verstandenen Idealen getrieben. Ein mürbes Material, das, wenn es mit der Wirklichkeit, etwa der Polizei, in Berührung kommt, leicht zerbröckeln und sich als wenig beständig herausstellen kann. Ich kenne die Terroristen von links und rechts, die Rotbrigadisten und die Neofaschisten, seit fünf Jahren. Von letzteren bin ich sogar zum Tode verurteilt worden. Ein halbes Jahr lang hatte ich zwei schwerbewaffnete Sizilianer als Begleitschutz. Die Terroristen beider Seiten sind gescheitert, weil der Terrorismus von Mussolini, Hitler und Stalin weidlich ausgebeutet worden ist. Die Massen, von der Geschichte gebrannt, scheuen nun das Feuer. Außerdem haben die Terroristen ihre Lebensverachtung allzu deutlich zur Schau gestellt. Keinerlei Gewissensbisse bei den Aussteigern. Und schließlich war das, was sie schriftlich von sich gaben, einfach zu dumm, allzu dumm. Trotzdem gab es in Italien einen Augenblick, da wollte jeder Terrorist werden. Eine Mode. Allerdings auch ein Indiz für eine weitreichende, gesellschaftliche Unterentwicklung.»

Moravia steht auf und holt von seinem Schreibtisch das Bild eines anderen Terroristen: Erno Aznef, russischer Jude, echter Revolutionär, und doch ein veritabler Agent des Zaren, so ist das nun einmal. 1919 starb er in Berlin nach einem Leben voller Ungesetzlichkeiten — im Bett. Für **1934** hat Moravia ihn wiederaufstehen lassen. **1934**, das erinnert an einen anderen Buchtitel: **1984**. Wie die Zeit vergeht. Fünfzig Jahre schon. Alberto Moravia hat über die schicksalhaften Wirrungen seines Lebens geschrieben. Von der durch Krankheit zerstörten Jugend bis zur kalten Altersverzweiflung im Schmerz über die Geschichte. Die Braunen und die Roten; die Erfahrung des Faschismus; der lange, förderliche Flirt mit dem Kommunismus. Aber am Ende, seltsam, der Gedanke an die Vergänglichkeit. Die schreckliche Antwort auf die schreckliche Frage. Ein Buch im Zeichen der Frage, ob man in Verzweiflung leben kann, ohne den Tod herbeizusehnen und zugleich ein Buch im Zeichen von Dürers unergründlichen ***Melancolia***. «Heute», sagte Moravia, «gibt es zum ersten

Mal in einem Buch von mir eine Botschaft: Man muß um jeden Preis leben und sich eher von der Verzweiflung nähren als immer an ihr sterben wollen.» Vom Gebrauch der Verzweiflung — letzte Stilübung —.

Rom, den 17. Mai 1983

PETER SCHNEIDER: DIE MUTTERSPRACHE ALS VATERLAND

1966 zählt Peter Schneider neben Rudi Dutschke und Hans Magnus Enzensberger zu den führenden Köpfen der Studentenbewegung. Als deutscher Linker kämpft er gegen Springer und seinesgleichen, vergißt dabei jedoch nie seine künstlerischen Vorbilder: Kafka, Chopin und Büchner, den ungestümen Revolutionär und Dichter von ***Dantons Tod*** und ***Woyzeck.*** 1973, zu einer Zeit also, als das, was man gemeinhin Literatur nennt, von der revolutionären Linken aller Länder nicht mehr oder noch nicht geschätzt wird, veröffentlicht Schneider eine Erzählung: **Lenz**. Die Repression in der Bundesrepublik verstärkt sich, Baader wendet sich der Gewalt zu — Schneider schreibt weiter: **. . . schon bist du ein Verfassungsfeind** und **Der Sand an Baaders Schuhen**.

Als Sohn eines Musikers, Organisten, Pianisten und Dirigenten hat Peter Schneider von seinem Vater eine eindrucksvolle Vitalität und einen gewissen Sinn für Rhythmus geerbt. Das letzte Buch des in Berlin lebenden Schriftstellers heißt **Der Mauerspringer**. In einer Mischung aus Essay, Reportage und literarischer Fiktion werden Ereignisse von tragikkomischer Dramatik erzählt, kleine Geschichten von der Mauer, von Anläufen und Sprüngen — Gesten, mit denen die Welt aufgefordert wird, sich der schon fast gänzlich in Vergessenheit geratenen Teilung Deutschlands zu besinnen.

Am 22./23. April 1983 kommen etwa 40 deutsche Schriftsteller aus Ost und West zu einem Treffen nach West-Berlin. Nur wenige junge Autoren, nur wenige Frauen; eine Männerversammlung unter dem Motto: «Zuerst der Frieden, dann die Freiheit». Peter Schneider und sein Freund Hans Christoph Buch schlagen deutlich andere Töne an: «Nicht vor dem Krieg habe ich Angst, sondern vor dem schrecklichen ewigen Frieden.» Als Schriftsteller in einem geteilten Land ist

Schneider auf eine gewisse Art Nationalist. Und doch ist seine einzige und wahre Heimat die deutsche Sprache, mit ihr setzt er sich ständig auseinander.

— Sie haben vor wenigen Tagen an dem Treffen deutscher Intellektueller aus Ost und West teilgenommen?

— Ja, es handelte sich dabei um die Fortsetzung des ersten Friedenskongresses, der im Dezember 81 in Ost-Berlin abgehalten wurde. Dies war das erste Mal seit Anfang der fünfziger Jahre, daß eine derartige Zusammenkunft stattfand. Und es war das erste Mal, daß die beiden deutschen Schriftstellerverbände übereingekommen sind, miteinander über den Frieden zu sprechen, also eine Diskussion zu führen, die auf politischer Ebene noch nicht möglich war. Wir haben miteinander geredet, ohne uns etwas zu schenken, wie Bürger eines Landes, durch das, von Hitler verschuldet, die Demarkationslinie der Welt verläuft.

— Sind die Deutschen aus Ost und West eigentlich überzeugt davon, daß sie die gleiche Sprache sprechen?

— Nicht immer. Die Auswirkungen der beiden Systeme auf die beiden deutschen Sprachen beginnen sichtbar zu werden. Wir haben schon unterschiedliche Worte für die gleichen Dinge. Zum Beispiel sagt man in der BRD 'Führerschein'. Wenn dabei auch der 'Führer' eines Fahrzeugs gemeint ist, läßt das Wort doch an Hitler denken. Um diese unvermeidliche Assoziation auszuschalten, spricht man in der DDR von 'Fahrerlaubnis'. Es werden also unterschiedliche Wörter gebraucht, um ein und dasselbe zu bezeichnen. Schwerwiegend wird dies in dem Augenblick, wenn die Normalbürger, und nicht nur die Funktionäre, Grundwerte wie Freiheit und Solidarität mit Worten belegen, die bei uns einen anderen Sinn haben. Dafür gibt es schon Beispiele, etwa den Gebrauch des Begriffs 'Menschenrecht'. Für den DDR-Schriftsteller Stephan Hermlin beinhalten die Menschenrechte lediglich das Grundrecht auf Leben. Er spricht von 'Menschenrecht' also nicht in bezug auf das Dissidentenproblem, auf die Lage in Polen. . . Einzig und allein das Recht auf Leben versteht er darunter. Wir haben ihm gesagt, daß zu den Menschenrechten mehr gehört als das Recht auf Überleben. Überleben kann man auch im Gefängnis. Selbstverständlich beinhaltet der Begriff 'Menschenrecht' die Meinungsfreiheit. Davon einmal abgesehen: Es gibt noch eine gemeinsame Sprache, die der Schriftsteller, die in Opposition zu den Regierungen ihrer Länder stehen.

— *Sie sprachen von Hermlin. War es wirklich der Autor von* **Abendlicht**, *der die Dissidenten als Kriminelle bezeichnet hat?*

— Ja, das war dummes Geschwätz und hat dazu geführt, daß die oppositionellen Autoren aus dem Osten ihre Teilnahme an diesem Treffen mit dem Argument verweigert haben, daß man doch nicht zusammen mit Leuten, die einem im eigenen Land den Krieg erklären, einen Friedenskongreß abhalten könne.

— *Wie sieht Ihre eigene Position aus? Frieden um jeden Preis? Lieber rot als tot?*

— Ich habe insofern eine klare Minderheitsmeinung vertreten, als ich von Anfang an gesagt habe, daß ich nicht aus Angst vor dem Krieg, sondern im Gegenteil aus Angst vor dem Frieden, vor einem atomaren Frieden, gekommen bin. Ich meine damit, daß ich fürchte, wir bewegen uns auf einen ewigen und schrecklichen Frieden zu, der nur darauf beruhen würde, den Atomkrieg zu verhindern. Genau das läßt sich doch gegenwärtig beobachten, nämlich, daß Kriege heutzutage allein in den Ländern der Dritten Welt stattfinden, wo man sie führen kann, ohne daß es zum großen Knall kommt.

Ich habe Angst, daß der Frieden zu einem magischen Unterdrückungsinstrument wird. Im Fall Polen hat sich das schon gezeigt. Nach der Verhängung des Kriegsrechts in Polen war die deutsche Linke äußerst empfänglich für das Argument, daß ein unruhiges Polen ein großes Risiko für den Weltfrieden darstelle. Von daher die Gefahr eines schrecklichen ewigen Friedens. Ich habe auf dem Treffen auch gesagt, daß Frieden nie als Ende einer Entwicklung begriffen werden kann, sondern nur als deren Bedingung. Wenn wir sagen, daß wir Frieden wollen, bedeutet das nicht mehr, als daß wir Sauerstoff oder Wasser wollen.

— ***Die deutsche Sprache ist lange vor dem deutschen Staat entstanden. . .***

— Ja, es kann ein Trost für uns sein, daß die deutsche Sprache sehr viel älter und beständiger ist als der deutsche Staat. Und wenn es stimmt, daß die Sprache von der Mutter kommt — Muttersprache — und das Land vom Vater — Vaterland —, dann ist das mütterliche Erbe weitaus konstanter als das väterliche. Die von mir kritisierte Friedensbewegung bringt für uns etwas Positives mit sich, nämlich die Möglichkeit, daß wir, in Ost und West, eine gemeinsame Sprache entwickeln, die nicht von den Blöcken konditioniert ist. Ich wehre mich dagegen, mich von diesen beiden politischen Systemen, die außerhalb von uns entstanden und, in beiden Fällen, aus Gehorsam gegenüber den Befreiern — die Deutschen sind sehr gehorsam — übernommen worden sind, konditionieren zu lassen. Aber mir ist auch bewußt, daß die Suche nach einer gemeinsamen Sprache all denen Angst macht, die in der Vergangenheit unter Deutschland zu leiden hatten. Gleichzeitig glaube ich jedoch, daß all dies nichts mit einem auf die deutsche Wiedervereinigung gerichteten Revisionismus zu tun hat.

— ***Bedeutet das, die Mauer bleibt für immer?***

— Vielleicht. Ich weiß, daß die Franzosen den deutschen Pazifismus nicht verstehen. Aber für alle Welt deutlich ist doch, daß die Deutschen die Verantwortung für den letzten Weltkrieg tragen. Sie haben die Welt in zwei Teile gespalten. Jetzt betrachten wir uns als die mißratenen Kinder der Welt, und die Welt ist entschlossen, den Krieg auf dem Boden ihrer mißratenen Kinder auszufechten. In Deutschland gibt es schon 8000 Atombomben. Die Franzosen können, dank de Gaulle, selbst entscheiden, ob sie ihre Atomwaffen einsetzen. Wenn die Amerikaner beschließen, eine kleine taktische Bombe auf Deutschland zu werfen, können wir nur noch im Kreml anrufen, was auch nichts ändern würde.

— ***Warum haben Sie ein Buch über die Mauer geschrieben?***

— Nicht aus plötzlichem Interesse an diesem tragischen und lächerlichen Bauwerk. Das Buch ist Ergebnis einer Erfahrung mit Freunden, die ich kennengelernt habe, als sie noch im Osten lebten. Als sie dann ihre Heimat verlassen haben, und unsere Beziehungen enger geworden sind, habe ich begriffen, daß es nicht nur eine reale Mauer gibt, sondern auch eine in unseren Köpfen. Die DDR-Dissidenten reagieren spontan anders als wir auf Rüstungsanstrengungen der Sowjetunion. Und wir haben spontan mehr Vertrauen zu den Amerikanern als sie, auch wenn sie sich für den Westen entschieden haben. Diese Mauer zu zerstören, wird länger dauern, als die Berliner Mauer niederzureissen. Vielleicht aber ist diese Mauer das einzige Band zwischen den Deutschen, das Bestand hat.

— ***Peter Handke hat vor kurzem gesagt, daß die deutschen Schriftsteller oft Wortführer für die Gesellschaft seien.***

— Lange Zeit habe ich davon geträumt, so etwas zu werden wie der Wortführer meiner Generation, die nach dem Faschismus und in völliger Stille aufgewachsen ist. Als die Studentenbewegung kam, schien es mir wichtig, ihr meine literarischen Interessen zu opfern. Heute denke ich, daß ich dadurch zwanzig Jahre verloren habe. Und ich habe den Eindruck, mich stärker zu individualisieren. Als immer bedrängender empfinde ich die Gewißheit, daß meine Zeit bemessen ist, daß man nur einmal lebt und daß die Empfindungen, die Erfahrungen, die mich berührt haben, noch nicht literarisch verarbeitet sind. Zum Glück bin ich auch zu Zeiten der Verwicklung in härteste politische Kämpfe einigen persönlichen Vorbildern, Künstlern, die keine Lösungen angeboten haben, treu geblieben: Büchner, Kafka und Chopin. Von ihnen habe ich mich leiten lassen, und tue es noch heute. Damals habe ich oft gedacht, daß ich, wenn ich wirklich Revolutionär würde, ganz bestimmt ein melancholischer Revolutionär wäre. Die Welt dreht sich auch ohne mich. Der einzig klare Beweis meiner Existenz: meine Augen, mit denen ich die Welt sehe. Das einzige Drama: ich selbst, mein Leben. Jede Generation muß sich beweisen, daß sie existiert. Und niemand kann uns dabei helfen.

— Ich war ein wenig überrascht, die Bezeichnung 'Roman' auf dem Umschlag Ihres Buchs **Der Mauerspringer** *zu finden.*

— Das ist ein Fehler meines deutschen Verlegers. Aber **Der Mauerspringer** ist kein Roman. Die größte Schwierigkeit bestand für mich darin, eine angemessene Form für dieses Buch zu finden. Die Ostdeutschen stehen Berlin und der Mauer mit sehr starken und klaren Gefühlen gegenüber. Meine Gefühle dazu sind vielschichtig — beim Schreiben dieses Buchs habe ich sie nach und nach erforscht, und deshalb hat es diese spezifische Form bekommen. Wieder und wieder nehme ich einen Anlauf zum Sprung. Die Westdeutschen interessieren sich nicht für die Mauer. Es wäre verlogen, so zu tun, als könnte man auf die Mauer zulaufen und sie mit einem Satz überspringen.

— Ernst Jünger sagt, eine nivellierte Gesellschaft könne keine Romane mehr hervorbringen.

— Schon Musil spricht im ***Mann ohne Eigenschaften*** davon. Heute stimmt eine Mischform, halb Essay, halb Roman, am ehesten mit unseren Erfahrungen überein.

— Heinrich Böll ist aus Solidarität mit den Dissidenten nicht zu Ihrem Treffen gekommen, und Jünger war nicht eingeladen. Was halten Sie davon, daß er den Goethe-Preis bekommen hat? Das ist in Deutschland ja auf breiten Protest gestoßen.

— Ich finde es sehr gut, daß man ihm den Preis zuerkannt hat. Ebenso wie es mir gefallen hätte, Borges als Nobelpreisträger zu sehen. Einen Schriftsteller allein nach seinen politischen Einstellungen zu beurteilen, ist eine verengte Sichtweise. Jünger ist ein großer Schriftsteller. Und ich finde, eine Demokratie, die einen Vertreter des Elitedenkens, einen Anti-Demokraten wie Jünger nicht mehr zuzulassen wagt, ist sehr verängstigt. Hinzufügen möchte ich noch, daß Jünger niemals ein Nazi war. Im Gegenteil: er betrachtete die Massenkultur der Nazis mit dem Ekel eines Aristokraten. Für uns alle waren die Massen ein Mythos. Aber in Deutschland haben wir nicht den Mut, Schlußfolgerungen aus unseren eigenen Erfahrungen zu ziehen. Pasolini hat gesagt, Mehrheiten hätten niemals wirklich recht. Nur Minderheiten. Es gibt eine Linie, die von Jünger zu Pasolini führt. Doch in Deutschland sind wir noch zu ängstlich, uns all dem zu stellen.

Paris, den 19. Mai 1983

MANÈS SPERBER: LUFTMENSCH AUS GALIZIEN

«Ich habe alles verloren. Nichts ist mir von meinem Vaterhaus geblieben. Nur dieses Photo. Ich war damals zehn Jahre alt.» Sein Vaterhaus stand in einem Städtchen Ost-Galiziens. In einer anderen Welt, in einer anderen Zeit. Beides untergegangen. In Zablotow lebten Handwerker, Kleider- und Schuhflicker, kleine Händler. Alle — oder fast alle — Juden, die an den Markttagen mit den ruthenischen Bauern zusammentrafen.

«Die Einwohner von Zablotow und der anderen Marktflecken nannten sich selbst 'Luftmenschen' und wollten damit audrücken, daß sie von der Luft lebten und frei wie der Wind.» Arme Bürger eines großen Reiches, deren Leben durch den Sabbat seine Regelmäßigkeit bekam.

«Ein Wort war in Österreich sehr verbreitet, das Wort 'Nationalität'. Und jeder Österreicher antwortete, wenn man ihn fragte, was er sei, je nach seiner Nationalität mit 'Pole' oder 'Kroate' . . . Nur die Juden sagten: 'Österreicher'. Sie waren die wirklichen Untertanen des Kaisers. Aber der Kaiser herrschte über jedermann, Juden wie Nationale. Zur gleichen Zeit kamen jede Nacht Juden über die nahe Grenze. Sie flüchteten vor den Sondergesetzen des Zaren. Wir wußten also, daß wir Privilegierte waren. Denn wir hatten unseren Kaiser. Und wir wußten wohl, daß alles, was folgen würde, schlimmer wäre.»

Weit weg von Zablotow. Ein Tag im Frühsommer. Strahlende Mittagssonne. Eine Wohnung in Paris, Rue Notre-Dame-des-Champs, nahe dem Jardin du Luxembourg. Auf Hochglanz poliertes Parkett; ein seltsamer Komfort, gleichzeitig zurückhaltend und pompös; viele Kunstbücher und einige Gemälde. Manès Sperber spricht mit schwacher, ein wenig monotoner Stimme. «Ins Museum gehen, das ist eines meiner Vergnügen.» Der langjährige Verlagsdirektor des 'alten Hauses' Calmann-Lévy ist in Frankreich, wo zwar ein Dutzend Bücher von ihm veröffentlicht, jedoch schlecht verkauft wurden, nicht allzu bekannt. Größer ist sein Ansehen dafür in Deutschland, in Österreich sogar imposant. Journalisten und Leser von dort machen sich eigens wegen ihm, der einst vor ihnen geflohen ist, heute auf nach Frankreich. «Ich bin ein ehemaliger Untertan des habsburgischen Kaisers, der seit 1934 hier lebt. Aber seit dem letzten Krieg fühle ich mich nicht mehr isoliert. Natürlich würde ich niemals von 'uns Franzosen' sprechen, aber ich fühle mich in Paris zuhause. Dank Malraux und Aron hat dieses Land zu dem meinen werden können. Frankreich ist mein Lieblingsland. Die Franzosen lieben das Leben und haben eine Lebensart, die man sich zum Vorbild nehmen kann. Auch wenn ich oft sage, daß ich Frankreich mag, und nicht die Franzosen. Aber die Deutschen mag ich auch nicht, und auch nicht die Juden.»

Hinter der ruhigen, jedoch förmlichen und leicht schulmeisterhaften Art dieses zerbrechlich wirkenden Greises würde man kaum ein Leben wie das seine vermuten. Ein Leben voller Unruhe und Leidenschaft, das eines Mannes, der alles erfahren will und sein Schicksal herausfordert. Mit zwölf Jahren lebt der kleine Jude aus Zablotow in Wien. Er weiß schon alles über die Grausamkeit, die «Erniedrigung des Verstellens» und die Demütigung. Die Oktoberrevolution findet in ihm einen Revolutionär und Konspirateur. Mit dreizehn Jahren hat er Kafka und Dostojewski gelesen. Mit sechzehn Jahren ist er Schüler des Psychologen Alfred Adler, dessen wichtigster Epigone er später wird. Das psychologisch-politische Wunderkind vergißt im Roten Wien die dürftigen Freuden des untergegangenen Kaiserreichs. «Wir waren glücklich. Wir hatten all unsere Rechte in der ersten österreichischen Republik gewahrt. Überdies sind die Beziehungen zwischen Macht und Untertanen niemals einfach. Meine Generation unterstützte den Umbruch allenthalben.» Der junge Sperber hält Vorträge in Wien, später auch in Berlin. Gleichzeitig übernimmt er zunehmend wichtigere Aufgaben in der kommunistischen Partei. Er begegnet Willi Münzenberg, Bertolt Brecht, Wilhelm Reich. In einem «hellsichtigen Rausch» erlebt er die großen Aufmärsche der revolutionären Massen. Allgemeine Bürgerkriegsvorbereitungen. Nach der Machtergreifung Hitlers wird er von der Gestapo gefangengenommen. Als Österreicher freigesetzt, flieht er. Prag, Wien und Jugoslawien sind die Stationen eines Exils, das noch nicht beendet ist.

1934 in Paris ist er ideologischer Kopf des ***Institut pour l'étude du fascisme***. Konfrontiert mit dem Nazismus, der Machtausübung als Demütigung begreift, macht er die Erfahrung dessen, was Zweig — den er übrigens nicht mag: «ein Bestseller-Fabrikant» — «die moralische Überlegenheit des Besiegten» genannt hat.

Seine Genossen im Exil heißen Anna Seghers, Alfred Döblin, Joseph Roth. «Der Autor vom ***Radetzkymarsch*** war schon älter. Er war ein starker Trinker, um nicht zu sagen Alkoholiker. Gegen zehn Uhr morgens konnte man ihn in einem Bierlokal der Rue de Tournon sehen, schon nicht mehr ganz nüchtern. Er war ein sehr intelligenter, sehr feiner Mann. Aber ich mag nicht zuschauen, wenn jemand sich selbst erniedrigt. Er kam aus genau der gleichen Gegend wie ich. Neben Arthur Schnitzler gehört er zu den großen österreichischen Schriftstellern. Seine Sprache war überaus gepflegt, weil es eine bedrohte Sprache war.» Seit 1934 ist Sperber «ein enthusiastischer Bewunderer von Céline. Zu einigen Autoren habe ich eine sehr innige Beziehung. Ich liebe die Literatur und die, die sie machen. Ein Leben ohne sie kann ich mir nicht vorstellen. In meinem Kopf, hier in diesem Sessel, habe ich schon Zehntausende von Seiten geschrieben. Oder auch in der Métro oder im Jardin du Luxembourg. Aber von dem Augenblick an, da ich etwas in meinem Kopf geschrieben habe, brauche ich es nicht mehr. Vergessen Sie nicht, daß Schreiben ein Privileg ohnegleichen ist. Die Literatur ist die einzige Passion, die zusammen mit einem selbst endet. Und nicht vorher.»

Schon 1937 bricht Sperber jeden Kontakt mit der kommunistischen Partei ab. Er klagt sogar in einem Buch, das 1938 in deutscher Sprache in Paris erschien und niemals übersetzt wurde, **Analyse der Tyrannei**, den sowjetischen Totalitarismus an. Freiwillig dient er in der französischen Armee, bevor er später nach Südfrankreich flüchtet, wo er mit der Arbeit an seiner Romantrilogie beginnt. Seitdem hat er nie mehr mit dem Schreiben aufgehört. In Deutschland hat man ihn mit dem Hansischen-Goethe-Preis, dem Georg-Büchner-Preis und dem Friedenspreis des Börsenvereins des Deutschen Buchhandels ausgezeichnet — doch um nichts in der Welt würde er dorthin zurückkehren. — Als ich 1943 erfahren habe, was mit den Juden in Polen, in Auschwitz oder Treblinka, geschieht, habe ich mir geschworen, mich nie wieder einer Situation auszusetzen, in der ich mit einem Deutschen oder Österreicher verwechselt werden könnte. Für Juden wie mich ist dies eine Frage der Würde. Sie wird vielleicht in zwei oder drei Generationen erledigt sein. Trotzdem bin ich aber von Anfang an ein Gegner der These von der Kollektivschuld der Deutschen gewesen. Sie ist für mich als Anti-Rassisten einfach nicht akzeptabel. Meine Haltung als Schriftsteller wird nicht vom Ressentiment, sondern von der Erinnerung bestimmt. Schriftsteller bin ich wegen der Erinnerung. Es geht also nicht um anklagen und auch nicht um vergeben, sondern darum, daß ich nicht vergessen kann.

Heute bin ich ein echter europäischer Patriot. Mehr als je und immer mehr. Ich zittere um Europa wie um ein krankes Kind. Ich wünsche mir vor allem, daß es aus der Umklammerung der beiden Großmächte herauskommt. Die Deutschen sind von ihren Taten, von ihrer nazistischen Vergangenheit, traumatisiert, die Franzosen von dem, was sie erlitten haben. 1940 war für Frankreich ein Alptraum und eine Desillusionierung. Vergessen wir nicht, daß 1939 noch alle Zeitungen geschrieben hatten, Frankreich habe die beste Armee der Welt. Dasselbe Europa hat aber auch eine ungeheure

Fähigkeit zum Wiederaufbau bewiesen. Absolut notwendig ist, denjenigen, die glauben, europäische Politik machen zu können, indem sie in die Knie gehen, zu erklären, daß wir diese Erfahrung schon hinter uns haben. Das ist ein fundamentales Problem. Wie sollen wir diese Erfahrung weitergeben? Wie sollen wir Hegels Behauptung, wir lernten aus der Geschichte, daß wir nichts aus der Geschichte lernen könnten, widerlegen? Man darf nicht vergessen, daß wir uns, um Hitler zu schlagen, mit Stalin verbündet haben. Deshalb haben wir den Krieg gewonnen, aber den Frieden verloren. 1943, nach der Entdeckung der Leichen von fünftausend polnischen Offizieren, die als Kriegsgefangene in der UdSSR verschwunden und auf Befehl Stalins durch Genickschuß hingerichtet worden waren, in acht Massengräbern in einem Wald namens Katyn, haben wir der UdSSR alles zugeschoben. Beim Warschauer Aufstand wollten die Alliierten mit Flugzeugen zu Hilfe kommen, aber die Russen haben den alliierten Flugzeugen verboten, auf sowjetischem Gebiet zu landen. Die Russen haben gewartet, bis der Aufstand von der deutschen Armee niedergeschlagen wurde. 1944 habe ich in ganz Europa eine Zeitung gesucht, in der ich über diese beiden Ereignisse schreiben könnte. Ich habe keine gefunden.

Aber die Dinge ändern sich. In Polen geschieht heute etwas von unvergleichlicher Bedeutung. Zum ersten Mal stellt sich eine Arbeiterorganisation an die Spitze eines Volkes und erhebt sich gegen ein System, das angeblich das der Arbeiter und Proletarier ist. Wenn es irgend etwas gibt, das die sowjetische Politik eindeutig und vollends Lügen straft, dann ist das die ***Solidarität.*** Der Einfluß der Gewerkschaften ist oft über ihre Organisation hinausgegangen, aber dies ist das erste Mal, daß wir die Identifizierung eines Volkes mit einer Gewerkschaft erleben. Nun, die Forderung nach Freiheit und Unabhängigkeit für Polen gehörte während des gesamten 19. Jahrhunderts zum Programm der Ersten und der Zweiten Internationale. Da stehen wir immer noch.

In Polen hat das Sowjetsystem (der russische Kommunismus) seine schwerste Niederlage erlitten. Und das, was dort geschieht, spielt eine wichtige Rolle in der europäischen Geistesgeschichte. Grundsätzlich bestimmend für Europa sind zwei Konfessionen: Katholizismus und Protestantismus. Randvölker, wie die der slawischen Länder, schließen sich dann Europa an, wenn sie katholische sind. Nehmen wir das Beispiel der Kroaten und Serben, zweier Völker, die sich in einen Bruderkrieg verstrickt haben. Und sieh an: Die Kroaten sind katholisch und die Serben orthodox. Es hat also keine Sprach- und auch keine Rassengrenze, sondern einzig und allein eine Konfessionsgrenze gegeben.

— Und doch ist ein guter Teil des historischen Kerns Europas, nämlich Griechenland, orthodox?

— Das ist ein Fall für sich. Das griechische Erbe hat für uns eine ungeheure Bedeutung. Aber das heutige Griechenland ist ein Balkanland, das heißt, es steht eher Bulgarien nahe, oder gar der Türkei, auch wenn es mit ihr Konflikte hat. Selbst wenn es keine Juden gäbe, wäre das Judentum eine Realität, eine Lehre, eine Moral. Es gibt Juden, die dieser Lehre treu sind; sie verkörpern diese Lehre. Wenn es die Griechen heute nicht mehr gäbe, könnten wir trotzdem Hellenisten sein.

Wenn er so wie jetzt seine Gedanken darlegt, ist der Eindruck von Zerbrechlichkeit wie weggewischt. Er denkt laut und kann über Stunden hinweg sprechen. In wenigen Augenblicken wird er Journalisten eines deutschen Radiosenders empfangen. Daß sich die Deutschen an der Tür seines Pariser Domizils drängen, mißfällt ihm nicht. Auf gewisse Art ist dies die Rache, die der kleine Jude aus Zablotow am Land des Unheils nimmt. Sein größter Stolz ist gar, ehemalige Mitglieder der radikalen deutschen Linken zu empfangen, gegen die er 1967/68 zu Felde gezogen ist. Sperber steht ganz entschieden links, aber Mitterrand ist ihm ebenso gleichgültig wie es Giscard war. Über sich selbst schweigt er sich hartnäckig aus, läßt sich nur entlocken, daß er nicht sentimental sei. Doch seine Freunde — nicht nur Aron, sondern auch Marc Bernard, den Autor aus Nîmes — zu erwähnen, darauf legt er Wert. «Ich glaube an die Treue, darin bin ich ein Mann der Kultur von gestern.» Getrieben von der Geschichte und von seinem unstillbaren Wissensdrang, hat er sein kulturelles Blickfeld erweitert. Von einem Land zum anderen. Mag auch Französisch wegen seiner Strenge und präzisen Struktur seine Lieblingssprache sein, so ist ihm doch die Wiener Kultur, die des Kaiserreichs, seltsam nahe geblieben, «natürlich und essentieller als irgend etwas sonst».

Und wirklich ist Manès Sperber — von Zablotow bis in die Rue Notre-Dame-des-Champs — niemals den 'Luftmenschen' seines ***Schtädtls*** untreu geworden. Seinen Glauben hat er abgelegt, nicht aber seine Moral. Eingewurzelt in seinem lebenslänglichen Exil, hat er nie vergessen zu fragen, welcher Geist in der Luft liegt. Seltsam, daß man ihm gegenüber in Frankreich schweigt; schließlich ist es schon ein halbes Jahrhundert her, daß er sich entschieden hat, in diesem Land zu leben. In Frankreich bleibt man gleichgültig, so als wäre man unfähig, den besonderen Reichtum dieses bescheidenen Mannes zu begreifen. Ein Mann, der sich nicht fassen läßt, frei wie ein Luftzug.

Paris, den 29. Juni 1983

UMBERTO ECO: DIE NEUE SPRACHE DER LIEBE

In einem großzügigen Haus irgendwo in Italien, zwischen Apenninen und Adria. Durch die weitgeöffneten Fenster strömt das helle Licht des frühen Tages. Sanfte Bergeshöhen am Horizont, niedriges Buschwerk, einzelstehende Bäume, schroffe Felsen, kleiner Eichenwald. Und ein Dorf: Monte Cerignone, in geometrischer Architektur an einen sonnigen Berghang gebaut; zarte Farben in flirrender Augusthitze, rote Tünche, von der Sonne ausgeblichene Fassaden, Schatten eines Kampanile oder alten Turms. Das Gefühl einer ungeheuren Vertrautheit, so als wäre diese fein geometrische Malerlandschaft die wahre — die letzte? — Erinnerung an eine gewisse Leichtigkeit des Seins.

Umberto Eco sitzt an seinem Schreibtisch, vor einem Computer. Zeichen huschen über den Bildschirm des Terminals. Er bringt sie durcheinander, läßt sie verschwinden; sie laufen von rechts nach links und verlöschen. Er macht neue Eingaben, andere Zeichen erscheinen. «Es genügt, einen Monat mit diesem Apparat herumzuspielen, dann weiß man, wie die Operationen laufen. Olivetti will einen Kongreß über die kulturellen Perspektiven des Computers veranstalten, deshalb haben sie mir einen geliehen. Eine ziemlich tolle Sache und das Ende der Karteischränke und -kästen, in denen man nie die richtige Karte finden kann.»

Er lacht, legt seine Pfeife hin. Seine Augenbrauen sind buschig, sein dichter schwarzer Bart ist wohlgestutzt. Die freundliche Redseligkeit und Herzlichkeit passen gut zu der äußeren Erscheinung eines Bonvivant. Er ist groß, trägt Jeanshemd und Jeanshose, dazu halbhohe, rote Stiefel. Ziemlich massig. Aber eher lebhaft. Und schnell. Bei dem Übermaß von Dingen, denen er sich widmet, muß seine Energie unerschöpflich sein. Vor kurzem ist er einundfünfzig Jahre alt geworden.

Er stammt aus dem Piemont, «typisches kleinprovinzielles Kleinbürgertum, Vater Angestellter, Großvater Handwerker, im Druckergewerbe; in seinem Keller habe ich Koffer mit von ihm gebundenen Büchern gefunden, volkstümliche Literatur und Dumas-Romane». Er wohnt in Mailand, lehrt in Bologna, an der ältesten Universität der Welt, aber verbringt immer einige Ferienwochen in diesem Haus im Grenzland, einsam und hoch am Hang gelegen, von den Bauern aus dem Dorf einfach ***Palazzo Eco*** genannt, Stil halb 18. Jahrhundert, halb Postfaschismus, für eine Handvoll Lire gekauft, ***bellissimo*** von oben bis unten. «Es stimmt, daß man hier gut arbeiten kann. Nachts hört man höchstens in der Ferne ein paar Hunde heulen, sonst nichts.» Im Herzen eines wundervollen Hinterlandes, am Rande von San Marino, der berühmten Duty-free-Shop-Republik, eine Autostunde von Sansepolcro entfernt, wo Piero della Francesca als Sohn eines Schuhflickers geboren wurde, gearbeitet hat und gestorben ist. Ein unberührtes Fleckchen Erde, wo man sich so herrlich wenig um die lärmige Geschäftigkeit der Küste schert, und umgekehrt: dort nämlich stehen die Sonnenschirme zu Tausenden im grauen Sand, gehört das Meer den Tretbootfahrern, kreisen von morgens bis abends hartnäckig klapprige Flugzeuge in der Luft, die Spruchbänder mit Werbung für Abführmittel hinter sich herziehen. Eine träge und vulgäre Küste, die sich der Häßlichkeit verschrieben hat; ein Kalifornien für Arme. Federico Fellini, der aus Rimini stammt, zeigt in einem seiner Filme Reste der einstigen Größe. Erinnern Sie sich, ***Amarcord***, Szene 66, Einstellung 483, Halle des Grand-Hotels, innen, Nacht, Blick auf das Meer . . .

Es ist Mittagszeit; eine schwarzgekleidete alte Frau kniet vor einem Heiligenaltar, der seltsamerweise auf einem Brückengeländer errichtet worden ist. Postkarten mit verblichenen Farben kleben an den Steinen der kleinen Kapelle. Kinder spielen; Männer sitzen auf den Türschwellen ihrer Häuser. Der heutige Montag ist ein Feiertag, deshalb zeigt sich Monte Cerignone im Festtagsstaat. Nicht lange ist es her, da hatte der Ort noch dreitausend Einwohner. Viele sind weggegangen, um im Hafen von Genua zu arbeiten. Nicht mehr als achthundert Leute werden hier von der Landwirtschaft leben. Die Bauern haben Traktoren, aber kein Know-how. Das Dorfgasthaus, ***Da Enzo***, ist erfüllt von ihren Gesprächen. Gäste in Hemdsärmeln. Es riecht nach Olivenöl. Im Garten, unter den Birnbäumen, hat man Tische aufgestellt. Rot und frisch fließt der Wein in die Gläser. Eco geht oft zum Essen hierher. Mit Renate, seiner gutaussehenden Frau, einer Deutschen — sie haben in Frankfurt geheiratet, während der Buchmesse, was soll man dazu sagen? — und den Kindern, einem Jungen und einem Mädchen, 18 und 20 Jahre alt. Seine Bücher haben sie nicht gelesen, sie lesen sowieso nicht viel. Eco ist hier nicht anders als in Paris, New York oder Buenos Aires. Der Maliziöse, der Intellektuelle, der Skeptiker, der Erzähler. Auch der Geehrte. Ihm steht ein weißes Tischtuch zu. Es stimmt: Er ist Ehrenbürger von Monte Cerignone. Die Gemeinde hat ihm die Urkunde mit großem Pomp übergeben. Der Karabinierihauptmann von Pesaro und ein Regierender Kapitän von San Marino, eine hochstehende Persönlichkeit, waren eigens zu dieser Zeremonie angereist. Manchmal fährt Eco abends noch einmal mit seiner Lancia zu Enzo ins Dorf hinunter. «Ich spiele ein bißchen, trinke einen Aperitif mit dem Bürgermeister, dem Apotheker oder dem Doktor.»

Von seinem Palazzo aus verfolgt Eco mit heiterer Gelassenheit die Auflagenentwicklung des Buches, das nun sein Bestseller ist. «Wir nähern uns langsam der ersten Million.» Er hat keine Erklärungen dafür. Er glaubt nicht, daß das Mittelalter in Mcde ist. **Der Name der Rose** wird in Kürze verfilmt werden, Ferreri, Antonioni, um nur einige zu nennen, hatten wegen der Rechte bei ihm vorgefühlt. Er hat sich für Jean-Jacques Annaud entschieden. «Er hat mich überall hin telefonisch verfolgt. Er und Gérard Lebovici. Ich war von ihrer Entschlossenheit beeindruckt. Bei solchen Dingen muß man der Sympathie folgen.» Der Erfolg hat ihn überzeugt, seine geliebten historischen Studien wiederaufzunehmen. Studien über das Mittelalter, natürlich. Zwischenzeitlich nimmt er die nächsten Übersetzungen seines Buchs zur Kenntnis. Ins Japanische, Schwedische, Polnische, Niederländische, Portugiesische . . .

— ***Haben Sie im Taum an einen solchen Triumph gedacht?***

— Wissen Sie, ein Schriftsteller muß beim Schreiben immer denken, daß er die Odyssee schreibt, sonst ist er ein Schwachkopf. Aber in meinem kritischen Optimismus bin ich nicht weiter als bis 50 000 gegangen.

Und so hat eine Art metaphysischer Kriminalroman, angesiedelt in einer geschlossenen Welt, gespickt mit lateinischen Zitaten und vielfachen Hinweisen auf das große Labyrinth der Literatur, einem modernen Intellektuellen, reputierten Semiologen, passionierten Zeichendeuter der italienischen Gegenwartsgesellschaft, ehemaligen Initiator avantgardistischer Zeitschriften und früheren Angehörigen der unorganisierten radikalen Linken diesen vielleicht ungeahnten Ruhm beschert. Ein Buch hat dazu genügt, ein Erstling, geschrieben im Alter von fünfzig Jahren — ***et hanc famam latius fudit*** (Quint II, 2, 14), und weit verbreitete sich sein Ruhm . . .

— ***Sie haben Ihr Berufsleben beim Fernsehen begonnen . . .***

— Mit achzehn Jahren habe ich meine Heimatstadt Alessandria verlassen und bin zum Studium nach Turin gegangen. Direkt nach der Promotion habe ich beim Fernsehen angefangen, bei der RAI. Das war Ende 1954, in Mailand. Drei oder vier Jahre lang war das für mich ein Ort der Begegnung mit außergewöhnlichen Menschen und Ideen. Ich habe Strawinsky, Brecht, Berio, Maderna, Henri Pousseur, Stockhausen getroffen. Und, von Beginn der Boulez-Konzerte in Paris an, Roland Barthes. Beruflich gesehen waren diese Jahre außerordentlich nichtig. Wir machten schlechtes Kulturprogramm, weiter nichts. Aber es gab schöne Schauspielerinnen und eine Reihe interessanter Tänzerinnen.

Und wenn mir die Zeit lang wurde, ging ich zu den Musikern im Stockwerk über uns. Aus diesem ein wenig kolonialen Leben ist **Das offene Kunstwerk** entstanden. Jeden Abend traf man sich mit Luciano Berio und Cathy Berberian. Berio hatte bei der RAI das ***Studio di fonologia*** eingerichtet. Und ich begann damals, über Joyce zu arbeiten. Wir amüsierten uns, wir experimentierten. Ich habe meine ersten Essays in Berios Zeitschrift ***Incontri musicali*** veröffentlicht. Sie hat es nur auf vier Nummern gebracht, aber die haben Geschichte gemacht! Zu dieser Zeit beschäftigte sich Berio mit Saussure. Mit 26 Jahren habe ich dann meinen Militärdienst geleistet, nun gut. Danach bin ich beim Verlag Bompiani eingetreten. Da bin ich siebzehn Jahre lang geblieben, habe aber immer den Kontakt zur Universität aufrechterhalten und schließlich den Lehrstuhl für Semiotik übernommen.

— *Waren Sie ein Anhänger der sogenannten Avantgarde?*

— Als ich **Das offene Kunstwerk** geschrieben habe, war ich von Musikern, aber auch von einigen Malern und Schriftstellern beeinflußt, die sich in der Gruppe 63 zusammengeschlossen hatten. Eine Art neue Avantgarde, die ältere Schwester von ***Tel quel***. Ja, wir waren der Entwicklung ziemlich weit voraus. Ein paar Leute haben sich einmal über die Beziehungen zwischen meiner Arbeit und den neuen Tendenzen der Linguistik, dem Strukturalismus, gewundert. Nun, nach der ersten Auflage des **Offenen Kunstwerks** habe ich begonnen, Lévi-Strauss und die Strukturalisten zu lesen.

— *Später haben Sie sich von den Franzosen entfernt?*

— Ich habe in Italien meine semiotische Perspektive entwickelt. Frankreich stand damals unter einem doppelten Einfluß: Nietzsche (Foucault, Derrida) und Lacan. Und ich war eher von Pierce beeinflußt. Es hat also einen Bruch mit der französischen Gruppe gegeben. Ich war unempfänglich für die Diktatur der Psychoanalyse, wie sie in Frankreich herrschte. Und als ich dann **La struttura assente** veröffentlichte, eine Kritik an Lacan, ist das Buch nicht ins Französische übersetzt worden. Ich geriet also langsam ins Abseits der Diskussion in Frankreich und begann, mich an den amerikanischen Universitäten umzusehen. 1967/68 hatte ich meinen Mittelpunkt eher in Paris, danach in Amerika.

— Sie gehören zu den ersten Intellektuellen, die eine ungeheure Mobilität entwickeln, in Amerika und Europa herumreisen.

— Diese örtliche Mobilität der Intellektuellen setzt Ende der sechziger Jahre ein. Man muß dabei zwei Phänomene unterscheiden, von denen eines universaler Art ist. Meine Generation, also die in den dreißiger Jahren Geborenen — ich bin jetzt 51 Jahre alt —, ist die erste, die nach dem Krieg erwachsen wird, und die erste, die das Flugzeug benutzt. Nehmen wir ein Beispiel: 1963 kommt eine Sondernummer des *Times Literary Supplement (TLS)* mit dem Titel *The Critical Moment* heraus. Neun englische und amerikanische Kritiker stellen darin ihre Theorien vor. Dann wollen sie eine zweite Nummer der gleichen Art folgen lassen: *Critical Moment 2.* Sie laden also neun ausländische Theoretiker zur Mitarbeit ein, wobei sie auf ein ausgeglichenes Verhältnis zwischen der alten und der neuen Generation achten. In Frankreich bitten sie Picard und Barthes um einen Beitrag. In Italien setzen sie sich mit Emilio Ceecchi und mir in Verbindung. Ceecchi war zwischen siebzig und achtzig und in Italien ein sehr bekannter Kritiker, der sein ganzes Leben lang über die angelsächsische Literatur gearbeitet hatte. Ich war dreißig Jahre alt und hatte *Das offene Kunstwerk* veröffentlicht. Ceecchi hat zwei Artikel für den *Corriere* geschrieben, um seinen Beitrag im *TLS* anzukündigen. Er war berühmt, aber er war wenig gereist. Für ihn war diese Veröffentlichung in einer englischen Zeitschrift die Chance zur Krönung seiner Karriere. Ich habe darüber mit einem Freund und mit meiner Frau gesprochen. Eine normale Sache, so etwas wie der Anfang einer Karriere.

Das andere Phänomen ist, daß der Strukturalismus Ende der sechziger Jahre mit Macht in die französischen Abteilungen in den USA einbricht. Dort drüben konnte man die Amerikaner und die Franzosen zugleich antreffen. Ich habe Genette, Todorov oder Kristeva häufiger in New York als in Paris gesehen. Und ich habe beobachtet, wie sich der starke, nicht in allen Aspekten positive Einfluß der europäischen auf die amerikanische Kultur entfaltet hat, sogar ein gewisser Einfluß der deutschen Kultur, insbesondere von Nietzsche, gefiltert durch den französischen Poststrukturalismus. Und so veränderte sich das Erscheinungsbild der New Yorker Buchhandlungen. Vor 1969 fand man die angelsächsischen Philosophen gleich am Eingang und im vierten Regal, ganz unten am Boden: Marx und Freud. Nach 1969 lagen plötzlich stapelweise Bücher von Heidegger, Marx, Freud und nach und nach auch von Foucault und Barthes im Schaufenster. Alles in einem ziemlich wilden Durcheinander. Es wurde sogar ein Reader mit dem Titel ***Structuralism*** veröffentlicht, in dem es wie Kraut und Rüben durcheinanderging: Marx, Freud, Saussure, Barthes und Husserl. Wenn zur damaligen Zeit ein Amerikaner Lévi-Strauss zitierte, war er Marxist. Alles erschien wie der gleiche Ausdruck europäischen Denkens.

— ***Frankreich kommt nur sehr langsam aus seiner nationalen Beschränktheit heraus, nicht wahr?***

— Italien unterscheidet sich sehr von Frankreich. Italien, Spanien und Deutschland sind, aus unterschiedlichen Gründen, in der Kultur kosmopolitisch. Auf dem Buchmarkt findet man etwa 50 % inländische Produktionen und 50 % Übersetzungen. Was Übersetzungen angeht, ist Frankreich immer ein wenig, das heißt zwanzig bis dreißig Jahre zurück. Und der Anteil von Übersetzungen am französischen Buchmarkt ist deutlich geringer. Aber der Einfluß der französischen Kultur auf das Ausland war bis in die sechziger Jahre hinein groß. Heute ist es für den Nachwuchs günstiger, auf englisch zu publizieren. Meine Generation war die erste, die sich, als Reaktion auf den Idealismus der vorhergehenden Generationen, auf die angelsächsische Kultur gestürzt hat.

Es ist schon richtig, daß die französischen Intellektuellen oft in die USA reisten, aber sie erzählten dort, was sich in Frankreich tat, und präsentierten sogar deutsches Kulturerbe, als wäre es französisches. Es ist symptomatisch, daß sie den Namen Freud noch immer französisch aussprechen. Daran hat sich bis heute nichts geändert. Dem entkommen höchstens in Frankreich lebende Ausländer wie Todorov und Kristeva, weil sie auch noch von anderen, weniger abgeschlossenen Kulturen geprägt sind.

— ***Viele französische Forscher und Intellektuelle arbeiten heute einen Teil des Jahres in den USA. Glauben Sie nicht, daß das kulturelle Europa vielleicht, auf lange Sicht gesehen, zum Untergang verurteilt sein könnte?***

— Es geht eher um das Phänomen des Austauschs. Europa wird, insbesondere in den Bereichen Naturwissenschaft und Technik, stark von Amerika beeinflußt. Aber es gibt auch, und dies in zunehmendem Maße, einen Einfluß europäischen Denkens auf die Kultur Amerikas. Und schließlich das Phänomen der ***Hybridisierung***. Ein Beispiel: Derrida entwickelt die Theorie der unendlichen Textableitung. Er ist zu diesem Zeitpunkt in den USA bekannter als in Frankreich. In Frankreich hält man ihn für bedeutend, in den USA ist er eine Institution. Er hat sogar eine kritische Schule hervorgebracht, deren Zentrum Yale ist. Sie nennt sich Schule der Dekonstruktivität oder Dekonstruktivismus. Das ist nun also eine amerikanische Schule, Ergebnis der Hybridisierung, die Europa zu beeinflussen beginnt. Jetzt gibt es schon einen europäischen Dekonstruktivismus. Am Anfang war es ein amerikanisches Phänomen, das ohne französischen Einfluß nicht möglich gewesen wäre. Es entwickelt sich eine Art Weltkultur ohne Vorherrschaft einer einzelnen Kultur. Durch europäischen Einfluß hat die akademische Kultur Amerikas auch Geschmack an der Interdisziplinarität gefunden, die man früher dort nicht kannte. Das war für die USA der sechziger Jahre ein gewaltiger Schock. Während meiner Literaturvorlesungen sprach ich über Kino, Politik oder Malerei. Das brachte meine Studenten völlig durcheinander, sie wollten dann mit mir ins Museum oder Konzert gehen. Ich begriff, daß ich ihnen als Europäer etwas geben konnte, zu dem der amerikanische Standardprofessor nicht in der Lage war.

— ***Sie haben nie aufgehört, sich um die Ereignisse der italienischen Politik zu kümmern, und zum Beispiel die Randgruppenbewegung sehr aufmerksam verfolgt. Wie sah Ihr eigener politischer Weg aus?***

— Als junger Mann habe ich bis zum Ende meines Studiums aktiv in katholischen Organisationen mitgearbeitet. In der ersten Hälfte der fünfziger Jahre begannen wir, uns mit Fragestellungen im Vorfeld des Konzils zu beschäftigen. Wir lasen Mounier, und über ihn fanden wir zu Gramsci. Meine Doktorarbeit habe ich über den hl. Thomas geschrieben. Den Glauben habe ich langsam abgelegt, einige Jahre hat das gedauert. Infolgedessen bin ich immer mißtrauisch gegenüber Leuten, die in weniger als acht Tagen vom Maoisten zum Freund Amerikas werden. Ich habe acht Jahre gebraucht, um mich zu ändern, und das in aller Öffentlichkeit. Ich hatte mich dem linken Flügel der sozialistischen Partei angenähert, aus dem in den sechziger Jahren der PSIUP hervorgegangen ist, eine linkssozialistische Partei. Mit dieser Minderheitsgruppe war ich verbunden, später dann mit dem ***Manifesto***. Ich hatte nicht eine Kirche verlassen, um in die nächste einzutreten. Diese kleine linksradikale Gruppierung war ideologisch sehr offen. Mit den Leuten vom PSIUP haben wir das erste Komitee für atomare Abrüstung gegründet, das in Verbindung zum Russell-Tribunal stand.

1967 hat die Gruppe 63 ***Quindici*** gegründet, eine

Zeitschrift für Literatur, Musik und Politik. Wir standen alle links, weit links, aber waren von dieser Art heimatloser Linker, 1968 zwischen 30 und 35 Jahre alt, keine Studenten, sondern Professoren, Verlagsleiter, Mitarbeiter der großen Presse. Natürlich waren wir gesprächsbereit gegenüber Leuten aus der Bewegung. Die Cohn-Bendits und Toni Negris bekamen in der Zeitschrift soviel Platz wie möglich. Wir behielten uns aber das Recht vor, die Bewegung zu kritisieren und wir haben auch nicht mit Kritik gespart. Für wilde junge Bilderstürmer hatten wir uns gehalten und mußten nun mit einem Mal entdecken, daß wir zur mittleren Generation gehörten. Aber wir haben unsere Rolle angenommen. Die Zeitschrift wurde dann eingestellt, aber ab 1971 gab es den ***Manifesto,*** und ich habe begonnen, darin zu schreiben. Doch ich bin niemals Mitglied einer Organisation gewesen, immer nur ***fellow traveller.***

— Haben Sie nie mit den Terroristen sympathisiert?

— Nie. Aber viele meiner Freunde und meiner Studenten wurden Terroristen. Ich kannte Negri, wir waren früher in derselben katholischen Organisation. Ich hatte niemals Sympathie für die Terroristen, aber ich habe sie genau beobachtet. Sie verwechselten Vorstellung und Realität, sie schufen sich ein poetisches Konzept und hielten es für die politische Situation. Die Sprache von 68 beruhte auf einem klassischen Korpus. Ein präziser Kode: Lenin, Mao. Die Sprache der Linken war ein Rückverweis auf den Kode.

Die neue Generation hat den Kode Tag für Tag erneuert. Es war unmöglich, den Kode bei einer Versammlung zu sprechen. Sie veränderten ihn jeden Tag. Diese Generation hatte den Traum der historischen Avantgarden verwirklicht. Sie sprachen wie Beckett oder wie Joyce. Aber keine Gruppe kann sich Tag für Tag ihren Kode neu schaffen, ohne sich damit zur Auflösung zu verurteilen.

— Sie haben ihren Glauben verloren. Hat er sich spurlos verflüchtigt?

— Geblieben sind eine religiöse Sensibilität und ein religiöses Lebensgefühl, die Überzeugung von der Leidensnotwendigkeit, ein Sündenbewußtsein, der Gedanke, daß wir hier sind, um unseren Tod zu rechtfertigen. Aber ich glaube nicht an Gott, nicht an ein Jenseits.

— ***Wie sind Sie auf die Idee gekommen, den*** **Namen der Rose** ***zu schreiben?***

— Eines Tages sagte eine Dame von einem kleinen Verlag zu mir: «Hör mal zu, uns ist der Gedanke gekommen, einen Nicht-Romancier zu bitten, einen Kriminalroman zu schreiben.» Ich habe das Angebot abgelehnt und zur ihr gesagt: «Dazu fühle ich mich nicht in der Lage. Und wenn ich einen Krimi schriebe, dann würde er im Mittelalter spielen, in einem Kloster. Und das Buch wäre 500 Seiten dick.» Aber als ich nach Hause kam, hatte sich die Idee schon in meinem Kopf festgesetzt. Und ich habe mich gefragt: «Warum eigentlich nicht?» Ich hatte weder einen Kritiker- noch einen Theoretikerkomplex und die notwendige Reife, um zu erzählen.

Ich begann mit dem Schreiben am Tag der Entführung Moros. Das war vielleicht das erste Mal, daß ich entdeckte, wie machtlos man als engagierter Intellektueller eigentlich ist. Ich bin da vielleicht ermutigt worden, etwas zu erzählen, das woanders geschah, in einer mysteriösen Tiefe.

Einige Jahre zuvor hatte ich über den Chiliasmus geschrieben und für Ricci die Ausgabe des ***Beatus de Liebana*** besorgt. Die Verhaltensübereinstimmungen zwischen den nach-68er-Gruppen und den Häretikern des Mittelalters fand ich immer frappierend. Insbesondere diese Art der Splittergruppen, sich gegenseitig zu schaden, aber auch, wie die Mächtigen eine Gruppe für die Fehler einer anderen verantwortlich machen, um sie leichter zerschlagen zu können. Als ich dann mit der Arbeit begonnen habe, war das, als ob ich einen Schrank geöffnet hätte, der seit mehr als dreißig Jahren geschlossen war. Ein Schrank, angefüllt mit all den Karteikarten über das Mittelalter, die sich über einen langen Zeitraum angesammelt hatten.

Das eigentliche Schreiben des Buchs hat zweieinhalb Jahre gedauert, aber Material habe ich mehr als drei Jahrzehnte lang zusammengetragen. Ich war so glücklich darüber, diese Geschichte erzählen zu können, daß ich hoffte, länger als zehn Jahre daran zu schreiben. Aber dann, eines Abends zwischen Weihnachten und Dreikönige, erkannte ich, daß ich am Ende angekommen war. Wenn ich weitermachte, würde ich das Buch verderben.

— ***Wie finden Sie die Zeit zum Schreiben?***

— Es gibt monochronische Kulturen und andere, die polychronisch sind. Die Deutschen sind mono, die Romanen poly. Sie können mehrere Sachen auf einmal tun. Ich bin unfähig, nur eine einzige Arbeit zu machen. Jede Beschäftigung kommt der anderen zugute. Man muß viel nachdenken, um einen Roman zu schreiben, Entwürfe machen. Man schreibt im Flugzeug, auf Flughäfen, beim Spaziergang durch die Stadt, vor dem Einschlafen, beim Durchblättern anderer Bücher in einer Buchhandlung, vielleicht bei der Liebe. Es genügt, ein paar freie Stunden oder Tage auf dem Land zu haben, und dann — schreibt man. Für solche Dinge sind die Zwischenräume da. Im Körper, zwischen den Organen gibt es Interstitien. In unserem geistigen Leben gibt es sie auch. Manche Zwischenräume läßt man leer. Man muß sie nutzen. Es sind die weitesten und fruchtbarsten.

— ***Es ist doch erstaunlich, daß ein ehemaliger Avantgardist einen 'historischen Roman' schreibt. . .***

— Die Vergangenheit konditioniert uns, verfolgt uns, erpreßt uns. Die historische Avantgarde versucht immer, ihre Rechnung mit der Vergangenheit zu begleichen. Die Parole der Futuristen 'Nieder mit dem Mondschein' ist das typische Programm jeder Avantgarde. Für 'Mondschein' muß man nur irgend etwas Entsprechendes einsetzen. Die Avantgarde zerstört die Vergangenheit, sie verunstaltet sie. ***Les Demoiselles d'Avignon*** (Picasso) stellt eine typisch avantgardistische Geste dar. Und dann geht die Avantgarde weiter: Nach der Zerstörung der Figur erfolgt deren Tilgung; das Abstrakte wird erreicht, die zerrissene, die verbrannte Leinwand. In der Architektur mag das Minimale die Curtain-wall sein, das Gebäude als Stele, parallelepipedisch. In der Literatur: die Zerstörung des Diskurses bis hin zur Collage à la Burroughs. Am Ende das Schweigen oder das leere Blatt. In der Musik mag es der Übergang von der Atonalität zum Lärm sein, oder zur absoluten Stille. In diesem Sinn ist der frühe Cage modern.

Aber es kommt der Augenblick, da kann die Avantgarde, die Moderne, nicht mehr weitergehen, weil sie eine Metasprache schafft, die von ihren unmöglichen Texten spricht. Die postmoderne oder moderne Antwort besteht darin, anzuerkennen, daß die Vergangenheit, kann sie nicht zerstört werden, weil Zerstörung zum Schweigen führt, wieder neu überprüft werden muß. Mit Ironie, ohne Unschuld. Für mich wäre eine postmoderne Haltung die eines Mannes, der in eine gebildete Frau verliebt ist und der weiß, daß er nicht 'ich liebe dich wahnsinnig' zu ihr sagen kann, weil er weiß, — und er weiß, daß sie es weiß, — daß diese Worte schon von Liala, Delly oder Barbara Cartland geschrieben worden sind. Und doch, es gibt eine Lösung. Er kann zu ihr sagen: 'Delly würde jetzt sagen: Ich liebe dich wahnsinnig.' Damit hat er die falsche Unschuld gemieden, klar ausgedrückt, daß man nicht mehr auf diese unschuldige Weise sprechen kann, und der Frau trotzdem gesagt, was er ihr sagen wollte: daß er sie liebt, in einer Zeit der verlorenen Unschuld. Wenn die Frau sich auf das Spiel einläßt, wird sie immerhin eine Liebeserklärung bekommen haben. Keiner der Beteiligten wird sich unschuldig fühlen, beide werden die Herausforderung der Vergangenheit angenommen haben, die des Schon-Gesagten, das sich nicht streichen läßt. Beide werden bewußt und mit Freude das Spiel der Ironie spielen. Aber beiden wird auch gelungen sein, ein weiteres Mal, über die Liebe zu sprechen.

Rimini, den 20. August 1983

ANTHONY BURGESS: DIE GROSSE OPER

Unvermittelt steht er auf — «Entschuldigen Sie mich bitte einen Augenblick» — und durchmißt entschlossenen Schritts die ein wenig glanzlosen Räumlichkeiten des Roxburgh Hotels. Es ist elf Uhr vormittags, draußen schönes Wetter, der schönste Sommer, den Schottland seit Jahren erlebt hat. Einige Spaziergänger schlendern schon lässig über die eingefaßten Rasenflächen am Charlotte Square, im scharfkantigen Schatten der Häuser mit Fassaden aus schwarzem Stein.

«Kennen Sie das? Das ***Who's Who*** von 1965!» Er schwenkt das dicke rote Buch der Berühmtheit durch die Luft und pafft seine unvermeidliche Zigarre. «Schauen wir einmal: Mrs. Thatcher, Mrs. Thatcher . . . Schauen wir mal, ah! Da ist sie! Sieben Zeilen: Mrs. Thatcher war nichts! Und Anthony Burgess, schauen wir mal, ja, ja, er ist da. Na also, da bin ich, mit meiner ersten Frau, die damals noch lebte, ich wohnte in England.» Seine erste Frau wurde Opfer einer Vergewaltigung im nächtlichen London. Jahre später starb sie an deren Folgen. Burgess hat von diesem Alptraum in ***Clockwork Orange*** erzählt. Heute erlaubt er sich keine Erinnerungen an des tragische Ereignis. «Und Monsieur Mitterrand? Wo sind Sie, Monsieur Mitterrand? Er ist nicht da! Unglaublich! Unglaublich! Nein, Monsieur Mitterrand war nicht da. Vielleicht Giscard? Auch nicht! Und Reagan? Reagan, nein, nein, der steht auch nicht drin. Nicht mal als mieser B-Film-Schauspieler. Interessant. Die Politiker sind nichts. Die Literatur ist viel.» Er klappt das Buch wieder zu. Eine Sekunde Stille. «Oder eher: Berühmtheit ist nichts Besonderes.»

Anthony Burgess ist zurück in Edinburgh. Eingeladen, bei dem ersten Buchfestival der Stadt zwei Vorträge zu halten. Er hat also Lugano, wo er sich normalerweise aufhält, verlassen. «Ja, gewiß, ich wohne entweder in Lugano oder Monaco. Ich brauche Ruhe, um schreiben zu können. Gustave Flaubert hat gesagt, für schöpferische Arbeit sei ein eher ruhiges häusliches Leben notwendig. Unter diesem Gesichtspunkt ist Lugano nicht schlecht. Ich habe es mit New York versucht. Lange habe ich da gewohnt — und keine einzige Zeile geschrieben. Zuviel los. Ich habe es mit Dublin probiert. Zuviel Alkohol. Man wird wach, öffnet die Fensterläden und sagt: Schau an, es regnet. Man wartet, daß die Pubs aufmachen, und in den Pubs erzählt man das Buch, das man schreiben wird. Nach einigen Wochen bemerkt man, daß die schöpferische Arbeit einzig und allein in den Pubs abgelaufen ist. Das Buch ist fertig. Man hat nichts geschrieben. Genau deshalb ist Joyce aus Dublin weggegangen. Yeats konnte in Dublin arbeiten, weil er nicht trank. Wußten Sie, daß Yeats nicht trank?»

Burgess, ein Stentor von kräftiger Statur, ein wacher, schöpferischer Geist, hat die sechzig gewiß überschritten. Ohne Unterbrechung mischen sich bei ihm Geschichte und Geschichten, Schriftsteller, ihre Romane und ihr Leben. Augustinus der Afrikaner und Pelagius der Kelte in hitzigem Disput. Er raucht, streicht nervös eine flachsblonde Strähne aus der Stirn, lächelt über seine Späße und Geschichten und scheint zu jeder Schandtat bereit. Tags zuvor hat er im überheizten Festivalzelt eine Stunde lang gesprochen. Breitbeinig stand er im Scheinwerferlicht, seine Hände steckten in den Taschen oder klopften den Takt zur leise vor sich hin gesummten Neunten von Beethoven. Großer Auftritt des zwischen Spaß und Bildung schwankenden Humanisten. Ein Mann voll Energie, der die Energie bewundert.

Sollte etwa Vitalität die wichtigste Eigenschaft großer Romanciers sein? Man denke nur an Hugo und Balzac. Nimmersatte Wänste, voll unstillbarer Begehrlichkeiten. Balzac, der ein gutes Hundert Austern und ein Dutzend Koteletts als Vorspeise vertilgen konnte und es schaffte, wie Chardonne schreibt, «aus Moskau durch unwegbare Sümpfe zurückzukommen». . . . «Wenn er nicht arbeitete, sprach er pausenlos, wie Diderot . . . » Sollte die Schriftstellerei nichts anderes sein als höchste Lustbarkeit für den starken Geist, eine zusätzliche Begierde? «Gewiß. Energie, ästhetische oder schöpferische Vitalität sind grundlegend. Und mit sexueller Vitalität gekoppelt. Selbst in meinem Alter. Wie bei den Priestern ist das. Man kann nicht Priester werden, wenn man kastriert ist. Man hat mir erzählt, daß es in Rom eine Zelle mit einem Loch in der Wand gab, in die sich die Papstkandidaten setzen mußten, damit man sich ihre Geschlechtsteile besehen konnte. Künstler wie Hugo, unersättlich auf der Jagd nach Mädchen und noch mehr Mädchen, bewundere ich sehr. Auch wenn vielleicht ein bißchen Verschwendung dabei ist. Ja, ich liebe die Mädchen! Haben Sie die Mädchen von Edinburgh gesehen?» — Ja: vor dem Gelände der Donaldson School, wo die Schüler, alle sind behindert, stumm, in der Dämmerung Rugby spielen, in einer erstaunlichen Stille, oder: am Eingang der Usher Hall, wo Abaddo dirigierte, oder auch: ausgestreckt in der Sonne auf dem Rasen von West Prince's Garden, nachmittags, kurz vor dem Promenadenkonzert einer Militärkapelle in schwarzer Uniform. Überall Gesichter der gleichen Art, helle Augen, blasser Teint. — «Ja, genau. Offene Gesichter. Vielleicht ein bißchen bäuerlich, überhaupt nicht pariserisch. ***Pretty girl.*** Auf schottisch: ***bonnie lassie,*** so etwas wie im Altfranzösischen ***belle gerce.*** Wissen Sie, daß viele Ausdrücke aus dem Altfranzösischen ins Schottische gekommen sind? Sie stammen aus der Zeit von Maria Stuart — auch sie eine sehr schöne Frau, unsere Katholikin, die sie umbringen mußten, unsere Herrin Jezabel, wie John Locke sie genannt hat . . .»

Anthony Burgess kennt Schottland gut: seine Pubs, seinen Café Royal, sein Porridge, seine Biere, seine Haddocks, seine Sprache. Einst, Anfang der vierziger Jahre, verbrachte er als Soldat einige Monate in einem Winterlager der Armee ganz in der Nähe von Edinburgh. «Wie haben wir den Krieg bloß gewinnen können? Die Lage hier war katastrophal. Es gab keine Uniformen für die Soldaten. Und keine Toiletten. Nur einen großen Misthaufen. Einfach unglaublich.» Der Sprachbegeisterte, der Lehrer Burgess geht nach dem Krieg als Offizier der Armee Ihrer Majestät in die Kolonien des Empire. Zuerst nach Malaya, dann nach Borneo. «Ich war eher ein guter Offizier. Nicht wirklich antikolonialistisch. Aber die Art der Kolonialbeamten mochte ich überhaupt nicht. Die Orientalen waren mir lieber. Besonders die Malaien. Trotzdem haben die Franzosen und Engländer im allgemeinen — und im Unterschied zu den Deutschen und Holländern — gute Sachen gemacht. Ich meine auch, daß die koloniale Verantwortlichkeit nach der Entkolonisierung fortbesteht. Wenn Sie mit mir ein hübsches kleines Mordkomplott gegen Gaddhafi schmieden würden, das wäre ja nichts Verwerfliches . . . Es ist noch zu früh für die Veröffentlichung meines dicken Romans über Malaya in Frankreich, wo es ja außerdem schon ein gutes Buch über das Thema gibt: ***Malaisie*** von Henri Fauconnier, Prix Goncourt 1935 . . .»

Auf Borneo wird Burgess krank. Diagnose der Ärzte: Gehirntumor. Er scheidet aus dem Kolonialdienst aus, kehrt heim nach England und beginnt im unfreiwilligen Ruhestand wie ein Besessener zu schreiben. Zwischen September 1959 und Weihnachten 1969 entstehen sechs Bücher. Der Tumor ist nicht mehr da. «Ich hatte Schwierigkeiten mit den Verlegern. Es waren zu viele Bücher für einen einzigen Autor. Ich habe mir also ein Pseudonym angeschafft, und so ist der erste Teil von **Mister Enderby** unter dem Namen Joseph Kell erschienen.»

Der Ruheständler, dessen Tumor sich davongemacht hat, der kraftvolle Romancier mit der gigantischen vergnüglichen, überbordenden Phantasie, der hochproduktive Schreiber gibt für die Literatur eine ältere Leidenschaft auf: die Musik. Und das Komponieren. «Ich habe immer gedacht, daß ich als Musiker Karriere machen würde. Das war keine Frage. In England war die Situation für Katholiken früher sehr schwierig. Von der höheren Bildung waren sie ausgeschlossen, bis 1829 das Gesetz zur Gleichstellung der Katholiken kam. Aber das war zu spät. Dieses Bildungsdefizit hat Generationen von Entertainern hervorgebracht. Komödianten, Sänger . . . in möglichst volkstümlichen Theatern. Bei den Beatles war das nicht anders. Sie kommen aus Liverpool, ich aus Manchester. ***Mancheste-rian!*** Sie hatten eine gewisse Spiritualität, sehr in der Art der Leute aus Lancashire, Katholiken aus Englands Südwesten. Für sie gab es nur einen Weg. Keine Literatur, nur keine Literatur! Nein, nur Tanzmusik! Bei mir zu Hause war auch kein Platz für Bücher. Meine Mutter war Tänzerin, Sängerin, Soubrette bei einem kleinen Theater. Mein Vater spielte Klavier in Music-Halls, Bars, Kinos. Und ich bin also Komponist gewesen. Aber eines Tages, ich war 35 Jahre alt und komponierte gerade ein großes Werk für Chor und Orchester — auf diesem riesigen Notenpapier —, da bemerkte ich, wie physisch anstrengend das ist: die Partituren für die Bläser, die Streicher . . . Und wenn das Werk endlich fertig ist, muß man sich noch viel Mühe geben, es zur Aufführung zu bringen. Da habe ich mir gedacht, daß es einfacher wäre, einen Roman zu schreiben. Mehr Harmonie, mehr Kontrapunkt. Und so wurde aus mir ein Romancier und gescheiterter Musiker.»

Aber der Musiker hat seine Partituren nicht endgültig beiseite gelegt. Wenn Burgess sein Tagwerk als Schriftsteller erledigt hat — ein- oder zweitausend Wörter täglich, das kommt ganz darauf an —, komponiert er, um sich zu entspannen. Opern wie ***Ulysses***, vergangenes Jahr in London aufgeführt, Musiktheater wie **Cyrano**, das eine Woche vor unserem Gespräch Premiere hatte, Text und Musik Anthony Burgess. In seinen schlaflosen Nächten summt er Partituren von Mozart und Beethoven vor sich hin. Und sein Denken verliert nichts an Kraft. «Es gibt seltsame Beziehungen zwischen der Musik und der Literatur. Nach Beethoven, nach der Neunten, hat die Musik Bekanntschaft mit der menschlichen

Stimme gemacht. Und bald konnte sie nicht mehr ohne die Literatur auskommen. Berlioz, die ***Symphonie fantastique***, die Romantik. Von diesem Augenblick an ist die Musik nicht mehr eigenständig. Sie hat nur noch ein Bein und braucht die Literatur als Krücke. So ist sie eine ***ars minor*** geworden. Beethoven war ein Desaster. Bei Haydn und Mozart war Musik eine Art Darstellung gesellschaftlich-moralischer Ordnung. Mit Beethoven und den Romantikern vollzieht sich der Einbruch des Ego, der Persönlichkeit des Komponisten und der Stimme — bis hin zu dieser totalen Wiener Zerstreuung. Die Wiener Schule hat uns eine neurotische Musik beschert, deren einzige Vision das Debakel ist. Und keine Frage, dieses Debakel vollzog sich nun einmal in Wirklichkeit. Die Wiener Schule war also das getreue Abbild dieser Zerstörung. Ich bewundere sehr den ***Pierrot lunaire*** — 1912, 1912, 1912! Aber als ich vierzehn Jahre alt war, habe ich mir in der Bibliothek die Partitur von ***Pierrot lunaire*** angesehen. Und sofort erschloß sich mir Schönbergs Vision totaler Vernichtung. Sehr ergreifend, sehr faszinierend, 1912, aber das Bild vom Ende einer Zivilisation. Ich meine, daß die österreichisch-ungarische Kultur sehr wichtig für uns war. Alles, was uns lieb und teuer ist, kam aus ihr. Bach, Metastasio, Haydn, Mozart, Rilke . . . Und das Werk, mit dem diese große Zeit schließt, ist der ***Ulysses***. Geschrieben in Triest, vollendet in Zürich. Joyce selbst hat gesagt: «Man redet von Demokratien. Aber ich, ich mag lieber unser kleines Kaiserreich, voll mit nicht allzu tüchtigen Spionen und Polizisten. Man konnte schreiben, es gab ein gesellschaftliches Leben.» Wenn ich heute schreibe, versinken meine Worte im Nichts. Es gibt keine Gesellschaft mehr. Keine Kultur. Balzac wußte, für wen er schrieb. Ich nicht. Wissen Sie, ich bewundere Boulez. Boulez ist großartig. Aber ich bemerke, daß er Schwierigkeiten hat, weil er deutlich erkennt, daß die Musik nicht ohne die Literatur bestehen kann. ***Pli selon pli:*** Mallarmé. ***Le Marteau sans maître***: René Char.

Daran sind die Romantiker schuld. Ich sehe sogar

in der Romantik den Faschismus als Möglichkeit angelegt. Hitler — Romantiker, nicht Klassiker. Mussolini — Romantiker, nicht Klassiker. Und Napoleon. Aber gewiß doch! ***Napoleonsymphonie*** habe ich einzig und allein wegen meiner Familie geschrieben. Ein Katholik aus Manchester. ***Manchesterian!*** Wir glaubten fälschlicherweise, Napoleon sei der große Befreier der Katholiken. Als ich geboren wurde, hat mein Vater gesagt: 'Vielleicht wird er ein neuer Napoleon!' Kein neuer Beethoven. Kein neuer Shakespeare! Nein, ein neuer Napoleon. Ich habe das Buch auch — um auf das Thema Energie zurückzukommen — wegen dieser Kraft geschrieben, die er in sich hatte. William Blake hat gesagt, Energie, das sei die ewige Freude. Und in seinem Buch ***The Marriage of Heaven and Hell*** stellt er die Hölle als Sitz der Energie dar und den Himmel als einen statischen Ort. Ich verstehe gut, was er damit sagen wollte: Die Energie ist der Vollendung vorzuziehen. Trotzdem finde ich die persönliche Herrschaft eines einzelnen über einen ganzen Teil der Welt absurd, außerordentlich komisch.»

Borneo, New York, Dublin, Edinburgh . . . Burgess, der höfliche Engländer im Tweed-Jackett zu dunklem Hemd und heller Krawatte, wird nicht müde, in der Welt herumzufahren. Einer, der wie Balzac durch den Rauch seiner Zigarre beobachtet, aus maliziösen Augen, Brennpunkte in einem runden Gesicht. Er gibt sich ganz seiner Unruhe hin, sammelt auf Vorrat Bilder und Schicksale. Doch nicht weniger extrem als die Zügellosigkeit seiner Ausflüge in die Welt ist die Strenge seines häuslichen Lebens in Lugano oder Monaco. «Ich habe keine Freunde. Ich lebe zurückgezogen mit meiner zweiten Frau und meinem neunzehnjährigen Sohn. Mir ist klargeworden, daß gesellschaftliches Leben mir nicht hilft. Es ist nötig, allein zu sein.» Und dann konfrontiert er höchste Sicherheit mit tiefster Ratlosigkeit. «Seit Joyce haben wir eine ganze Menge Schwierigkeiten, weil es im ***Ulysses*** keine Handlung gibt. Die einzige Handlung ist der Stil. Was kann man nach Joyce noch machen? Zurückgehen auf den taditionellen Roman? Aktion — Überraschung — Aktion? Joyce hat gesagt, Aktion sei etwas für Journalisten, nicht für Schriftsteller. Was bleibt, ist, daß seit dem Ulysses zum ersten Mal die Bedeutung von Stil klar zutage liegt. Aber man kann den ***Ulysses*** nicht noch einmal schreiben. Das ist unserer Alptraum: Joyce und seinem Werk ohne Möglichkeit der Neuschöpfung folgen, steril, mit der Verantwortlichkeit, die er uns dem Stil gegenüber auferlegt hat. Graham Greene ist nichts. Ein Unterhaltungsschriftsteller. Die übrigen? Keine Ahnung. Ich selbst? Ein Geheimnis . . . Ich weiß es nicht . . . Aber eines ist sicher: Wir müssen die Bruchstücke der westlichen Kultur aufsammeln. Auch wenn ich glaube, daß die Literatur so gut wie tot ist und das Fernsehen gewonnen hat. Aber es gibt das Buch noch. Man muß zwischen den beiden eine Verbindung schaffen. Ich glaube an die Zukunft Amerikas. Es ist das einzige Land, das noch wirklich lebt.»

Burgess, der zeitgenössische Romancier, ist ein Gesamtkünstler. Alles hat er versucht, alles erkundet: Film, Funk, Fernsehen, Theater, Musik und sogar Malerei. Vom Besonderen einzigartiger Leben hat er erzählt, von Moses, Jesus, Shakespeare, Napoleon, Hemingway, und dabei gewiß auch geträumt, selbst ein Titan zu sein, einer wie Wagner. «In der Oper vereinigen sich die Künste, finden Dichtung und Musik einen gemeinsamen Ausdruck. Aber mit Wagner hat dies aufgehört. Ich würde gerne einen neuen ***Ring*** schaffen, doch das ist unmöglich. Wagner war der letzte große Musiker und große Dichter zugleich.» Und doch hat Burgess mit seinen Romanen die Früchte seines schöpferischen Elans geerntet. Seine Worte sind Bild und Tonträger zugleich. Alle Mittel der Moderne werden eingesetzt, um eine Geschichte zu erzählen, zumeist eine Geschichte so alt wie die Welt. «Im Grunde bin ich sehr katholisch. Ich sehe einen unaufhörlichen Kampf zwischen Gut und Böse. Ich glaube an die Existenz des Bösen als ewige Größe. Es gibt keine Inkarnation des Bösen. Aber der theologische und moralische, nicht der politische Kampf geht weiter. Denn der Dämon existiert.»

Er hört auf zu sprechen und zieht einen Füllhalter aus der Tasche. Sein ruheloser Geist beschäftigt sich schon mit etwas anderem, mit der alten Sprache der schottischen Bauern, loyale Untertanen von Maria Stuart. Er zeichnet eine dreiteilige Skizze aufs Papier. Kurze Lektion in Linguistik. Rechts das Französische, in der Mitte das Schottische, links das Englische. Seine Finger hinterlassen gelbliche Spuren von Zigarrenseiber auf dem Papier. Ein Wort in dreierlei Versionen. Dann erzählt er mit einem Mal eine Geschichte, die er oft in Lancashire, dem katholischen Südwesten Englands gehört haben muß «Natürlich sind wir hier in Edingburgh mitten auf calvinistischem Gebiet. Nun wissen Sie, daß die Schotten außerordentlich begabte Ingenieure sind. Die Maschinisten auf Schiffen sind immer Schotten. Das kommt von ihrem Calvinismus. Sie sind sehr kräftig, wegen dem Porridge und dem Bier, und sie glauben, daß die Welt eine große Maschine ist. Ein gut geöltes Räderwerk. Die Schweizer sind ein wenig schwächlicher. Aber genauso calvinistisch. Das hat uns die Uhren beschert.» Die Welt des Anthony Burgess: eine große Oper.

Edinburgh, den 3. September 1983

CZESLAW MILOSZ: KRAFT UND KLARHEIT EINES LITAUISCHEN POETEN

Czeslaw Milosz stammt aus einer Region am äußersten Rande des Okzidents. So sehr Grenzstadt war seine Vaterstadt, daß man manchmal nicht angeben konnte, auf welcher Seite der Grenze sie nun lag. Ihre Zeit verbrachte sie damit, je nach Geschmack der Invasoren den Namen zu wechseln. Heute heißt sie Wilna und ist Hauptstadt der Litauischen SSR. Sie ist russisch; sie war auch schon deutsch oder polnisch — und unabhängig, als sie 1921 einige Monate lang das Abenteuer der Selbständigkeit wagte. Bei sich zu Hause verwahrt Milosz noch eine von den Briefmarken, welche die kurzlebige Kleinrepublik mit dem Hoheitszeichen von «Zentral-Litauen» harausgegeben hatte. Ein halbes Jahrhundert später klingt dieser Name wie der eines kaum noch vorstellbaren Landes, ironisch und unentschieden, auf halbem Weg zwischen Traum und Erinnerung, zwischen Zentralreich und Operettenstaat.

Die Folge einer Kindheit auf so unsicherem Territorium, in dieser «schlechten Gegend» von Europa, dem Wald- und Hügelland am Ende der Welt, das keinerlei Schutz bot, hätte sein können, daß Milosz die Dünnhäutigkeit jener Menschen geerbt hätte, die das Schicksal hart angefaßt und in eine historische Schlechtwetterzone gestoßen hat. Nichts dergleichen findet sich bei ihm, im Gegenteil: Milosz hat nicht nur ein risikofreudiges Leben geführt, er hat sogar beträchtliche Zuversicht aus diesem turbulenten Auf und Ab entwickelt und gewinnt mit Optimismus — ironiegefärbt, aber immerhin: Optimismus — dieser Randzonenlage auch positive Aspekte ab.

Milosz, ein Mann von kräftiger Statur, dessen Belustigung oder Mißtrauen sich an seinen Augenbrauen ablesen läßt, ist einer, der Orwells ***1984*** im Reisegepäck hat; in seiner Jugend träumte er den Traum von der Diktatur der Linken «ohne Dogma», geißelte mit den

Worten das «bourgeoise» Europa der Modepüppchen, juwelenbehängten Damen und der Fettwänste mit Nachtmütze. «Es wäre mir nicht unmoralisch vorgekommen (. . .), ein Maschinengewehr in das *Café de la Paix* zu halten.» **(West- und östliches Gelände)** Später wird er — immer noch ein Linker, Sozialist, aber nie Stalinist — Diplomat und bereist im Auftrag seines Landes die Welt. Dabei hätte er bleiben können; allzu schwierig dürfte das ja nicht gewesen sein, auch nicht allzu unangenehm. Eines Tages im Jahre 1951 in Paris macht er den Schritt in den Westen. Schlechte Zeiten und Verdächtigungen hat er zu ertragen. «Nur Camus hat mir geholfen. Aber ein Übersetzer hat sich aus Angst, von seinen Freunden geschnitten zu werden, geweigert, mich zu übersetzen.» In den Vereinigten Staaten muß er als Emigrant, politischer Flüchtling und Antikommunist sogar klarstellen, daß er trotzdem auf seiten der Schwarzen von Alabama steht. Sein Nobelpreis von 1980 kommt für einen großen Teil der Welt überraschend, nicht jedoch für die Polen, die nach Bekanntwerden der Nachricht in die Universitäten und Kirchen strömen, wie etwa in Krakau, wo sich zweitausend Menschen im alten Dominikanerkloster versammeln, um seine Gedichte zu rezitieren.

Diese wenigen Bemerkungen zu seiner Herkunft und seinem Leben im allgemeinen, um zu erklären, was im Hintergrund steht, wenn Milosz über Europa spricht, über Krieg und Frieden, Avantgarde, Surrealismus oder Polen und Jalta. Dieser Poet ist kein zurückgezogener, mit seinem Schreibtisch verwachsener Beobachter, der keine Ahnung vom wirklichen Leben hat. Weit gefehlt. Er war bei den größten Abenteuern seiner Zeit dabei und sogar ein Pionier auf dem Gebiet der praktischen und persönlichen Erfahrung, wie komplex doch Politik ist, als dies noch kein Thema der Tagesordnung war.

Bei unserem Gespräch in einem Hotel in der Rue Molière, also nicht sehr weit entfernt vorn *Café de la Paix*, das einst seinen jugendlichen Unmut erregte, legt er Wert auf die Feststellung, daß er nur Dichter sei. Die Poesie sei sein «Flammenschwert» gewesen, die einzige Gewißheit, als sonst alles in Zweifel stand. Durch diese Entscheidung für die Dichtung und dadurch, daß er mit Kraft und Klarheit an ihr festgehalten habe, sei er «dem Schwur treu geblieben, niemals wie die anderen der Macht der Trägheit nachzugeben.»

— ***Sie kommen nach Paris, um über den Frieden zu sprechen. Sind Sie von der Stärke der Pazifismus-Welle nicht überrascht?***

— Ich schäme mich nicht dafür, sehr konventionell zu denken. Ich sehe in dieser Bewegung den Beweis einer großen Naivität der jungen Generation und frage mich, wie groß die Kluft zwischen ihnen und uns ist. Mit 'uns' meine ich Leute aus Polen und alle, die in einem totalitären System gelebt haben. Die Anderen, das sind diese jungen Leute, die eine ziemlich angenehme Jugend gehabt haben und denen die schmerzlichen Erfahrungen erspart geblieben sind, die eine Reihe ihrer Zeitgenossen machen mußten. Meiner Meinung nach ist Europa im Augenblick sehr gefährdet. Die einzige Möglichkeit einer Rettung besteht darin, sich dem totalitären System entgegenzustellen. Sie haben mir eine politische Frage gestellt, aber ich bin weder sehr politisch noch sehr politisiert! Ich glaube einfach, daß ich das große Privileg des Dichters genieße, nämlich bis zu einem gewissen Grad der Dorftrottel sein zu dürfen. Und in diesem Jahrhundert gibt es Situationen, in denen der Dichter nein sagen muß.

— ***Es scheint, daß die amerikanische Öffentlichkeit keine neuen Verwicklungen der USA in Kriegshandlungen, auch nicht in solche defensiver Art, mehr will. Wie beurteilen Sie dieses Phänomen von Berkeley aus, wo Sie als Dozent lehren? Sind die Amerikaner nun von dem erfaßt, was man europäischen Defätismus genannt hat?***

— Ja, gewiß, ich lebe in Berkeley, und das ist allerdings ein sehr seltsamer Ort. Man darf nicht vergessen, daß die Bewegung der amerikanischen Jugend auf das

Free Peace Movement der sechziger Jahre zurückgeht, und dessen Ausgangspunkt war der Campus von Berkeley. Andererseits gibt es den Einfluß von Europa, der sich mit Verzögerung auch hier bemerkbar macht. Das defätistische und nihilistische Denken steckt Amerika über die Literatur, die Gesellschaftswissenschaften und die Universität an, aber ich meine, man sollte nicht zu weit gehen und nur noch diese Strömung in der öffentlichen Meinung der USA sehen. Die Einstellung der amerikanischen Öffentlichkeit ist schwer zu verstehen oder vorauszusagen. Jede Wahl dort drüben ist eine Überraschung. Die defätistischen Strömungen gehen jedenfalls von Berkeley 1964 aus. Diejenigen, die zur radikalen Protestbewegung gehörten, sind inzwischen Lehrer und Dozenten. Sie haben Einfluß auf die Jugend. Daran zeigt sich deutlich die Absurdität der sowjetischen Behauptung von der Gefahr eines amerikanischen Militarismus. Die Erziehung in Amerika ist zutiefst antimilitaristisch, was man von der UdSSR nicht gerade behaupten kann, im Gegenteil. Ich erinnere mich, daß Einstein zu mir sagte, die große Gefahr für die Welt sei die militaristische Erziehung der Jugend. Unter diesem Gesichtspunkt betrachtet, geht vom Westen für niemanden eine Bedrohung aus.

— ***Man hört oft, keine der beiden Supermächte sei besser als die andere. Häufen sich nun aber nicht die kriegerischen Akte, kalter wie offensiver Art, der einen der beiden Mächte, nämlich der UdSSR?***

— Ja, man wird wohl eines Tages die Theorie von der Teilung der Welt durch die beiden Supermächte in Jalta revidieren müssen. Da vollzog sich keineswegs diese klare Aufteilung der Welt, auch wenn Jalta dem Molotow-Ribbentrop-Pakt in der Praxis Kontinuität gegeben und Europa zweigeteilt hat. Aber nehmen wir das Beispiel Polen: In Jalta hatte Stalin freie Wahlen versprochen . . . Man darf wohl sagen, die Amerikaner waren zu dieser Zeit naiv und träumten zusammen mit ihrem Präsidenten Roosevelt von einer internatioalen

Organisation, die die Konflikte der Welt lösen würde, ohne sie in zwei Lager zu spalten . . .

— Roosevelt — ein würdiger Nachfolger Wilsons?

— Ja. Immer noch der alte amerikanische Traum. Es gab ihn wirklich, den amerikanischen Idealismus. Uns erschien die Grundlage dieser Vorstellungen wenig realistisch. Aber Amerika ist anders als Europa. Das politische Leben wird in Amerika durch rechtliche Institutionen geregelt. Wir in Europa sind gegenüber solchen Institutionen sehr skeptisch.

— Es gibt in der sowjewtischen Politik diese brutale und wirkungsvolle Dialektik, pazifistische Bewegungen zu ermutigen oder zu unterstützen und zur gleichen Zeit kriegerische Akte auszulösen.

— Bei diesem Thema erlaube ich mir ein wenig Zynismus. Wir Polen haben zuviel Erfahrung mit unserem Nachbarn im Osten, als daß uns noch irgend etwas erstaunen könnte. Die Machtübernahme in den eroberten Ländern verlief ja nach dem Krieg relativ unbeachtet, weil diese Machtübernahme von einem Ideologienebel verhüllt wurde. Man muß sich an die damalige Einstellung der Westeuropäer erinnern. Europa schien bereit zu sein, Teil der kommunistischen Welt zu werden, so stark war die Anziehungskraft der Ideologie. Ein Sowjet hat damals zu mir gesagt: «Europa gehört uns.» Aber dann verzogen sich die ideologischen Nebelschleier. Die große Niederlage der UdSSR, so glaube ich, liegt im Verfall der Ideologie. Von daher gesehen ist Polen und was dort geschieht sehr wichtig, und das nicht nur für die Polen, sondern für die ganze Welt.

— In **West- und östliches Gelände** *nennen Sie das Paris der Nachkriegszeit eine 'durch den Lauf der Geschichte ins Abseits zurückgedrängte (. . .) Kleinstadt'. War diese Provinzialisierung für Sie Symbol eines allgemeinen Verfalls?*

— Als ich Anfang der dreißiger Jahre nach Paris kam, fand dort die Kolonialausstellung statt, Paris war die Hauptstadt eines mächtigen Landes, die Hauptstadt der Welt. Als ich nach dem Krieg zurückkam, erschien mir Paris wie eine friedliche Stadt am Rande der Geschichte. Seitdem haben sich die Dinge verändert. Frankreich hat einen bedeutenden ökonomischen Aufschwung genommen und steht sehr viel besser da als das ziemlich abgewirtschaftete England. Frankreich gehört zu dem Teil Europas, der sich der unmittelbaren feindlichen Bedrohung entgegenstellt. Aber vergessen wir nicht, daß Europa seit der Zeit der Sarazenen immer bedroht worden ist. Auch das Italien des ***Quattrocento*** war eine Grenzregion. Nicht weit von Venedig begann der Islam. Und alles, was uns teuer ist, hat sich also in einer Grenzregion Europas entwickelt.

Und nun zum Thema Verfall: Ich habe mich eingehend mit den Arbeiten von Simone Weil beschäftigt. Sie war in ihrer Jugend Pazifistin und hat sich später vorgeworfen, es zu lange geblieben zu sein. Mit viel Bitterkeit sprach sie später von dem Zusammenbruch Frankreichs und von dem Gift, das Mitschuld an dieser Katastrophe trug; sie klagte in diesem Zusammenhang Dichter und andere Künstler des Avantgardismus und Surrealismus an. Dieser Avantgardismus war für sie ein Indiz für den Verfall Europas. Ich selbst habe in meinen Harvard-Vorlesungen von der Dekadenz des Westens gesprochen. Nun, ich denke, daß die Zersetzung, die ich schöpferische Zersetzung nenne, mit dem außergewöhnlichen wissenschaftlichen, technologischen und künstlerischen Fortschritt verbunden ist. So wie es in einem Organismus von Bakterien wimmelt. Das ist normal. In der Alten Welt findet also ein Wettlauf statt. Und wir wissen noch nicht, wer stärker sein wird: die aufbauenden oder die zersetzenden Kräfte.

1952 hat mir Henry Miller in einem Gespräch gesagt: «Ich bin jetzt in Europa. Ich habe den Eindruck, daß sie keinen Lebenswillen haben.»

Er meinte wahrscheinlich einen mangelnden Willen, Subjekt und nicht Objekt der Geschichte zu sein. Aber, wenn ich mich an die Gefühle erinnere, die wir am Ende des Krieges hatten, als wir vom Osten in den Westen wechselten, dann kann ich heute nur staunen; ich habe den Eindruck, daß ein Wunder geschehen ist. Zweifellos gibt es heute weniger Zersetzung als damals. Alles in allem hatte Simone Weil vielleicht nicht unrecht. Der Avantgardismus war Ausdruck der Weigerung, irgendeine Autorität als legitim anzuerkennen. Man muß sich einmal an die surrealistischen Gedichte zum Ruhme der Violette Nozières erinnern, jenes jungen Mädchens, das seine Eltern umgebracht hatte. Ich habe mich schon manchmal gefragt, ob zwischen diesem Phänomen und dem Terrorismus keine Beziehungen bestehen. Zuerst gewinnen bestimmte Dinge auf der Ebene von Kunst und Phantasie Gestalt, dann verlagern sie sich in den Bereich des Faktischen, des Realen. In dieser Hinsicht ist das Charakteristische der ***Solidaritäts***-Bewegung in Polen das völlige Fehlen eines terroristischen Aspekts.

—In einem Ihrer Bücher nennen Sie Europa auch antemurale christianitatis, ***Bollwerk der Christenheit. Bleibt die Religion wichtig für Sie?***

— Der Katholizismus ist wichtig. Polen ist keine entlegene, isolierte Region Europas. Alles, was man über den Gemeindecharakter des polnischen Katholizismus erzählt hat, ist falsch. Polen ist ein Land großer sexueller Freiheit. Der polnische Katholizismus hat nichts mit irgendeiner Art von Sittenstrenge zu tun. Unter den besonderen Umständen der Unterdrückung und konfrontiert mit moralisch schwierigen Fragen, erlebt die Religion eine großartige Erneuerung. Die katholische Vergangenheit ist eine Stärke Europas, eine aktuelle oder latente Kraft, eine Potentialität.

— ***Sie haben mehrmals den Ausdruck 'Zersetzung' gebraucht. Der Gedanke an Emile Cioran liegt nahe. Teilen Sie seinen Pessimismus?***

— Er ist pessimistischer als ich. Aber ich finde, daß die Pessimisten fast immer recht haben. Trotzdem: Ich bin hoffnungsvoller als er. Ich bin unschlüssig. Und weiß dabei, daß Prophezeiungen gefährlich sind. Sie auszusprechen genügt, damit sie sich erfüllen.

Paris, den 28. Oktober 1983

KAZIMIERZ BRANDYS: IN POLEN, ALSO NIRGENDWO.

LIBERATION: ***Wurden Sie als polnischer Schriftsteller im Exil von der Auflösung des polnischen Schriftstellerverbandes zwei Jahre nach der Machtübernahme durch Jaruzelski überrascht?***

BRANDYS: Überrascht nicht, aber doch erschüttert. Man muß sich klarmachen, was der Schriftstellerverband in Polen war: eine Organisation, die ihre Mitglieder sozial absicherte, sie mit Lebensmittelkarten versorgte, ihnen Aufenthalte in Erholungsheimen ermöglichte. Im Haus des Schriftstellerverbands gab es einen Club und ein Restaurant; man konnte dort essen, einen Kaffee trinken, diskutieren. Ein Ort von vitaler Bedeutung. Gesellschaftlich betrachtet eine wirklich authentische Organisation, nicht künstlich, nicht gezwungen, nicht obligatorisch.

Und der polnische Schriftstellerverband reagierte auf alle wichtigen nationalen und internationalen Ereignisse. Ich erinnere mich an eine Zusammenkunft, bei der wir gegen die Hinrichtung des ungarischen Ministerpräsidenten Nagy protestierten; das war 1957. In der Verbandsgeschichte spiegelt sich ein guter Teil der Geschichte der demokratischen Bewegung in Polen. Die Schriftstellercafés waren die Treffpunkte, von denen aus die Demonstrationen gegen die Massaker an Arbeitern organisiert wurden. Als etwa nach den Streiks im Sommer 1976 Arbeiter festgenommen wurden, waren es die Schriftsteller, die sich mit einem offenen Brief an Intellektuelle im Westen wandten. Ich erinnere mich, daß wir siebzehn Leute waren, die diesen Brief unterschrieben haben, der in Frankreich an Jean-Paul Sartre, Jean Daniel und Claude Roy gerichtet war. Und es waren ebenfalls die Schriftsteller, die nach der Absetzung der ***Ahnen*** von Mickiewicz am Nationaltheater Warschau auf einer außerordentlichen Versammlung gegen diesen Vorgang protestiert haben.

Diese Schriftstellerorganisation gab es seit den zwanziger Jahren. Sie bestand ununterbrochen, mit Ausnahme der Zeit der Nazi-Besetzung. Ich kann nicht sagen, was nun folgen wird, weil von einer Schriftstellergruppe, die ich nicht kenne und deren größter Teil wahrscheinlich niemals ein Buch veröffentlicht hat, eine neue Organisation ausgerufen worden ist.

— *Wissen Sie, wie Andrzej Kuzniewicz reagiert hat, der bis heute als »offizieller« Schriftsteller gilt?*

— Nein, ich habe seinen Namen nicht auf der Liste derjenigen Schriftsteller gefunden, die diese neue Organisation ausgerufen haben. Er war ein »offizieller« Schriftsteller, das stimmt, aber er hat sich aus politischen Auseinandersetzungen immer herausgehalten. Jedenfalls ist schwer vorauszusagen, wie es weitergehen wird. Der neue Verband wird sicherlich die sozialen Aktivitäten des alten wiederaufnehmen: Versorgung mit Lebensmittelkarten, billige Mahlzeiten usw. Das sind Kleinigkeiten, aber angesichts der Not und des trostlosen Alltags in Polen von außerordentlicher Bedeutung. Man muß wohl davon ausgehen, daß sich einige Schriftsteller in den nächsten Jahren genötigt sehen werden, diesem neuen Verband beizutreten. Zumal da es einen Paragraphen im Strafgesetzbuch gibt, nach dem jeder Bürger, der nicht arbeitet, als Volksschädling zu bertrachten ist.

— *Sie haben in einem Ihrer Bücher, dem* **Warschauer Tagebuch**, *bedauernd festgestellt, in Polen habe es weder große gesellschaftliche Bewegungen noch einen zentralisierten Staat gegeben...*

— Selbstverständlich gibt es heute einen zentralisierten Staat. Aber er kann sich nicht wirklich auf die Nation berufen oder aus der polnischen Geschichte herleiten. Die wahre gesellschaftliche und politische Energie der Polen wird nicht auf natürliche Art und Weise genutzt. Und dies bleibt nicht ohne Folgen für die Literatur. Wir haben eine hochgradig kodierte Literatur.

Mit einem nationalen Submissionskomplex auf der einen und einem Provinz-Komplex auf der anderen Seite. Ich stelle mir oft die Frage, ob fehlende Freiheit für eine Nation nicht ebenso universell ist wie eben Freiheit. Ich glaube, das ist eine Sache, die man im Westen nicht versteht. Nationale Unterdrückung ist ein Thema für die Oper geworden, Egmont oder Wilhelm Tell. Die zeitgenössische Literatur im Westen beschäftigt sich lieber mit der Unterdrückung Einzelner, deren intersubjektiven Implikationen, dem Eingeschlossensein zwischen Sein und Nichts. Man könnte meinen, das Thema der nationalen Unterdrückung sei für den Westen ein wenig anachronistisch, gerade gut genug für unterentwickelte Länder. Mag aber auch sein, daß man im Westen anachronistisch ist.

— ***Glauben Sie denn nicht, daß die starke demokratische Bewegung in Polen dazu beitragen kann, die polnische Literatur von dem zu befreien, was Sie »Provinz-Komplex« nennen?***

— Ein starker Elan genügt hier nicht; dazu müssen über Jahrhunderte hinweg bestimmte Bedingungen vorhanden sein. Wir haben in Polen die große Lyrik und das große Drama der Romantik gehabt. Aber es hat keinen polnischen Balzac gegeben und nicht einmal große realistische Romane. Ausnahmen bestätigen die Regel. Grundlage des europäischen Romans ist meiner Meinung nach das Erzählen. Unter welchen Bedingungen konnte sich nun dieses Erzählen entwickeln? Damit man von Intrigen, Verbrechen und Abenteuern erzählen konnte, mußte es Höfe in der Art von Versailles geben, eine Polizei und ein Abenteuertum. Letzteres wurde Europa durch Kolonialunternehmungen und Seefahrten geboten, Voraussetzung für Robinson Crusoe. In Polen hat es nun nichts von alledem gegeben. Ich glaube, man kann eine Theorie der Unterentwicklung des Geschichtenerzählens im polnischen Roman wagen, gültig für das 19. Jahrhundert und darüber hinaus. Ich bezweifle, daß Romane wie die von Saul Bellow, den ich bewundere, im heutigen Polen entstehen könnten.

Noch immer haben uns nämlich «die Russen im Griff», wie es Sartre einmal mir gegenüber in Warschau ausdrückte. Eine anhaltende Umklammerung, die, so fürchte ich, noch nicht beendet ist. Die polnische Literatur der letzten Zeit besteht nur aus Reportagen, Berichten und Beschreibungen des Ausnahmezustands. Man kann nicht erwarten, daß diese anomale Realität große Romane hervorbringt.

— ***Halten Sie*** Hoffnung ***von Malraux für einen großen Roman?***

— Eher für eine große Reportage.

— ***Der Nobelpreis für Walesa ist ein Zeichen für die Solidarität des Westens, der Sie allerdings zu mißtrauen scheinen.***

— Die Polen sind gegenüber dem Westen ein wenig skeptisch. Sie haben inzwischen mehr Erfahrung als unmittelbar nach dem Krieg und sind pessimistischer, was diese westliche Solidarität angeht.

— Die Angriffe von seiten des Staates gehen weiter. Worauf soll man denn da hoffen? Die Regierung will eine bedingungslose Kapitulation, nichts anderes, keinen Dialog. Aber der Nobelpreis hat einen moralischen Wert. Er hat die Stellung Walesas als Nationalheld — neben dem Papst — gefestigt. Keine Kultur der Welt ist so eng mit der nationalen Geschichte verbunden wie die Polens. Von daher gesehen ist es schwierig, eine literarische von einer historischen Figur zu unterscheiden. Der Nobelpreis stärkt die Legende Walesa. Er hat schon einen Platz in den polnischen Mythen. Und aus Mythen speist sich in Polen immer die Zukunft — und die Gegenwart, die Wirklichkeit. Deshalb hat der Nobelpreis nicht nur politische oder aktuelle Bedeutung. Er wird lange Zeit wirken. Und abgesehen von alldem hat ihn ein Mann bekommen, der ihn verdient. Mutig, intelligent, aufrecht, ritterlich. Er hat den Kriegszustand ausgehalten. Er hat den Friedensnobelpreis verdient.

Paris, den 2. November 1983

ALEXANDER SOLSCHENIZYN: DER GESCHICHTSESSER

In seinem Hemd aus rauhem Stoff, mit seinem schweren Bart wirkt er wie ein Saint-Simon-Anhänger aus dem 19. Jahrhundert, ein Schuhmacher. Seine Stimme ist dröhnend, leicht metallisch, tief. (Ein wagnerscher Schuhmacher ist er: Hans Sachs.) Er spricht in energischem Tonfall, aus nächster Nähe; wenn er sich ereifert, färben sich seine Backen zinnoberrot. Ein Mann wie ein Bär, der mit seinen Pranken nach der Geschichte seines Volkes greift, sie den Fälschern zu entreißen. Lederne Haut, sehr hohe Stirn, ein eigensinniges Gesicht, vorspringende, unruhige Brauen. Blaue Augen. Und ein kurzes, aber herzliches Lachen, bewegend, weil so unerwartet in diesem Visionärsgesicht. In der Stimme, im konzentrierten Blick, im unbändigen Geist, im Lachen — überall die Kraft eines göttlichen Feuers. Diese ungeheure Kraft hat ihn einst aus den Verliesen Kasachstans herausgebracht. Sie hilft ihm nun, sein prophetisches Wirken fortzusetzen. Hier, von dieser eigens dafür bestimmten Klause aus, die er seit Oktober 1976 bewohnt. Ort: Cavendish, Vermont, am Ende der Welt.

Ende der Welt, denn Vermont liegt weit weg von allem. Südlich von Quebec, nahe der kanadischen Grenze, westlich der Green Mountains, einer Appalachen-Kette. Mit einer alten Propellermaschine kann man von hier aus — mit einer Zwischenlandung — in drei Stunden nach New York kommen. Und Cavendish seinerseits ist noch ein wenig abgelegen in dieser Jagd- und Sporttourismusgegend. Während der Wintermonate, wenn der Ort unter einer dichten Schneedecke liegt, scheint hier die Zeit stillzustehen. Cavendish wurde Mitte des 18. Jahrhunderts gegründet. 1824 hatten sich hier ein paar Handwerksbetriebe angesiedelt: drei Sägewerke, zwei Brennereien, einige Mühlen, drei Lebensmittelläden und ebensoviele Wirtshäuser. Viel

Wasser ist seitdem den Black River hinuntergeflossen und hat seine Mühlräder gedreht, aber im Grunde hat sich nichts verändert. Die Gerbereien sind einfach durch kleine Fabriken ersetzt worden. Im letzten Jahr ist eine Mühle niedergebrannt. Die Lebensmittelläden gibt es immer noch.

Ende der Welt schließlich, weil Solschenizyns Haus weit abgelegen vom Dorf ist. Ein drei oder vier Kilometer langer schlechter Weg und einige steile Pfade sind zurückzulegen. Man muß vorbei an einsamen Farmen — bei jeder steht ein Holzschuppen, in dem der berühmte Ahornsirup hergestellt wird —, einem Friedhof mit ungestörten Grabstätten und den Baracken eines Ski-Skooter-Lagers. Ein ziemlich durchhängender Gitterzaun umgibt Solschenizyns Besitz. Zwanzig Hektar: Birkenwäldchen, Ahorndickicht, ein Teich, ein Tennisplatz. Die metallene Eingangstür — nicht mehr und nicht weniger aufwendig als bei den benachbarten Anwesen — öffnet sich auf Knopfdruck. Zwischen Unterholz führt eine Allee auf eine von zwei dunklen Blöcken beherrschte Lichtung. Links: das Wohnhaus. Rechts: das Schriftstellerhaus, geplant und gebaut einzig und allein, um die Realisierung eines Projekts zu beherbergen: **Das rote Rad**. Der Architekt der Geschichte, Solschenizyn, war zuvor Architekt des Ortes, an dem eben diese Geschichte niedergeschrieben werden sollte. Im Erdgeschoß eine Bibliothek: alles über Rußland und die Revolution. Im ersten Stock, auf Tischen aus rohem Holz, kleine Papierstapel, mit einer minutiösen Handschrift beschriebene Blätter. Dies sind schon geordente, schon von Solschenizyn bearbeitete Materialien, die nächsten Seiten des **vierten Knotens**. Je nach Fortgang seiner Arbeit wechselt Solschenizyn von einer Etage zur anderen. Für das Schreiben der Endfassung zieht er sich in den zweiten Stock zurück, oder ins Dachgeschoß — auf gleicher Höhe mit Baumwipfeln und Wolken. In seinem geometrischen Arbeitsturm fehlt weder ein Bett noch eine kleine Küche, sogar eine Kapelle gibt es. Solschenizyn hat alles, den sich selbst auferlegten Belagerungszustand durchzuhalten; über Jahre hinweg braucht er den Bannkreis des **Roten Rads** nicht zu verlassen. Und die Arbeit an seinem Werk ist in vollem Gange.

Solschenizyn hat sich also in die freiwillige Isolation des Schriftstellers zurückgezogen. Noch einmal erlebt er die erregende Morgenröte seines Jahrhunderts, taucht ein in ungeordnet-imaginäre Erinnerungen an eine Zeit, die er nicht gekannt hat, und in reale Erinnerungen, die ihm Zeugen dieser Zeit mitgeteilt haben. Brüchige Erinnerungen an eine Gründerzeit, die bei ihrem alsbaldigen Sturz in den Ruin ihr Gedächtnis mit sich fortriß. Vom Morgen bis zum Abend sitzt er unermüdlich in seiner Klause, einer, der an die Stille glaubt, die Meditiation und die Arbeit, halb Hugo, halb Michelet, einer, der eigensinnig seinen Balanceakt zwischen der Wirklichkeit und ihren Metamorphosen vollführt, einer, der Krieg, Lager und Krebs überlebt hat und der nun seinen letzten Kampf kämpft: gegen die Zeit. Und er hat etwas von einem Feldherrn, dieser unermüdlich kämpfende Alexander. Als Anführer einer Schattenarmee manövriert er geschickt mit seinen Personen und vergißt doch gewiß nie, darin ein moderner Voltaire, daß er die Last der armen Seelen von sechzig Millionen Calas auf seinen breiten Schultern getragen hat. Als er noch in Rußland lebte, setzte er seine Bücher ein oder hielt sie zurück, geradeso wie ein General eine Division in die Schlacht wirft oder im Gegenteil seine Truppe in Erwartung einer baldigen Offensive ausgeruht und kampfbereit hält. Ein kaum gedruckter Schriftsteller, und doch ein siegreicher Stratege. Er wollte den Nobelpreis, und er hat ihn bekommen, allen Vernichtungsversuchen zum Trotz. Und mit Vorbedacht trug er dazu bei, daß sich das Rad der Geschichte in eine andere Richtung drehte. (Der **Archipel** wurde in Frankreich 1973 veröffentlicht. In diesem Jahr, in das auch das Ende des Gauchismus fällt, war man in Europa sicherlich soweit, das tief innen vorhandene Wissen um Ausmaß und Gewicht des Bankrotts der Russischen Revolution laut auszusprechen; aber man tat dies nicht. Ein Buch, das seine, genügte, und der Gulag war in aller Munde.)

Jetzt, im fortgeschrittenen Alter, scheint Solschenizyn Eile geboten. Ein ehrgeiziges Werk hat er in Angriff genommen, ein Werk von so gigantischem Ausmaß wie sein Vaterland, das er als Kontinent bezeichnet. Um die Tausende von Seiten zu bewältigen, die er noch schreiben muß, geht er mit sich um, wie das Leben mit ihm umgegangen ist: unerbittlich. Ausgehen? Sehr selten. Die Bauern von Cavendish haben ihn niemals zu Gesicht bekommen, bis auf einmal vielleicht, bei einem förmlichen Empfang im Rathaus. Reisen? Nur um sich etwas zu erholen oder seinen Kampf auf gefährdeten Vorposten weiterzuführen. Wie letztes Jahr in Japan, das für seinen Geschmack allzusehr sowjetischer Propaganda ausgesetzt und allzunah an den Radarstationen von Sachalin ist. Tennis? Nur um den Kreislauf und die Phantasie ein wenig anzuregen. Skilaufen? (Schließlich wurden hier die ersten Skilifte Amerikas gebaut.) «Nein, nie. Ich habe wirklich keine Zeit dafür, obwohl ich eigentlich gerne Ski fahre. Früher habe ich es oft getan. Aber heute reicht es kaum für einen Spaziergang in meinem eigenen Park.»

Roland Barthes sagte von Michelet, diesem anderen 'Geschichtsesser': «Sein ganzes Lebensende ist somit unter die Devise der Herzöge von Burgund gestellt (die er stets mit Vorliebe zitiert hat): 'Ich habe es eilig.'»[1] Solschenizyn ist besessen wie Michelet. Er leidet unter der gleichen Hast. Sein Schicksal eröffnete sich ihm an einem Novembertag des Jahres 1936, in Rostow, auf dem Puschkin-Boulevard. So etwas läßt sich nicht erfinden. Er war damals achtzehn Jahre alt. Schriftsteller würde er sein. Dann legte sich der Schatten der Revolution auf seine Jugend. Und Rußland gab ihn nicht frei. Jetzt ist er fünfundsechzig Jahre alt und hat keine Sekunde mehr zu verlieren. 'Ich habe es eilig.' Da die an-

(1) Roland Barthes, Michelet, Aus dem Französischen von Peter Geble, Frankfurt 1984, S. 46

gefangene Arbeit erst zur Hälfte getan ist — dabei hat er sich schon beschieden und seine Ansprüche an den Romanzyklus zurückgeschraubt —, hat er seine Familie mobilisiert, um sein Werk zu Ende führen zu können.

Wenn man sie so sieht, alle liebenswert, alle wohlauf, könnte man fast meinen: eine normale Familie. Seine Frau Natalia, Mathematikerin, seine Schwiegermutter Katharina Swetlowa, Physikerin (in allen Läden des Ortes kennt man sie, und sie kennt die Familien von Cavendish, die Katholiken, die Nachkommen der Franzosen. . .), und die drei Jungen: Yermoley, dreizehn, Ignaz, elf, und Stephen, zehn Jahre alt. Kluge Köpfe und flinke Beine; gute Schüler, aber leidenschaftliche Sportler, durchtrainierte Football- und Basketballspieler (an einer Hauswand hängt ein Korb). Alle besuchen sie die öffentliche Schule am Ort. Außer Ignaz, der sie vor kurzem verlassen hat.
Grund: überdurchschnittliche Begabung; Musiker dazu, Instrument: Klavier. Er lernt lieber für sich allein und schneller. Weder die Frauen noch die Jungen sind wirklich so wie alle anderen. Alle helfen dem Schriftsteller der Familie, damit er seine Aufgabe erfüllen kann. Nicht nur, indem sie alle praktischen Fragen und Haushaltsprobleme von ihm fernhalten, sondern auch, indem sie ihm bei seiner Arbeit zur Hand gehen. Natalia ist seine Sekretärin, Assistentin, Mitarbeiterin, erste Leserin. Yermoley hilft oft seiner Mutter beim Tippen der Erstfassung des **Roten Rads**. Und Stephen hat die Aufgabe, ein Verzeichnis besonderer, halbvergessener russischer Wörter zu tippen, das Solschenizyn gerne eines Tages veröffentlicht sehen möchte.

Seit sechs Jahren lebt er also hier in ***splendid isolation,*** hat die unbewältigten Alpträume seiner Heimat mit in das steinige Appalachenvorland genommen. Nur über das Fernsehen und die Post erreicht ihn ein schwaches Echo vom Lärm der Welt. «Haltet aus, Europäer!», ist alles, was er uns sagt. Beschützt von gewaltigen Wäldern, unterstützt von den Seinen, zurückgezogen auf seine Muttersprache (er spricht noch immer kein Englisch), ist er sicherlich von den Einwanderern, die diese Gegend in den zweihundert Jahren nach der Vertreibung der Indianer gesehen hat — irische Eisenbahnbauer, italienische Steinmetze, viele Flüchtlinge aus den Karpaten —, einer der Unauffälligsten. (In Springfield hat man einst sogar eine othodoxe Kirche gebaut — ob er das weiß?)

Am Abend vor unserer Begegnung hatte er Bernard Pivot, Jean Cazenave und ein Team vom französischen Fernsehen empfangen. Trotz seiner Höflichkeit wurde doch deutlich, daß diese beiden der Presse gewidmeten Tage im Leben des Alexander Issajewitsch Solschenizyn zwei verlorene Tage für **Das rote Rad** waren. Nach unserem Gespräch begleitete er mich bis zur Tür seines Arbeitszimmers, dessen Schwelle er nicht überschritten hatte. Draußen war es dunkel geworden. Hinter seinen Fenstern brannte Licht. Sein scharf umrissener, mächtiger Schatten wanderte schon wieder von Tisch zu Tisch. Er war zu seinen inneren Stimmen zurückgekehrt. In das Rußland seiner Väter, vor dem plötzlichen Umsturz der Verhältnisse. «. . . Der wilde Wein rankte sich um die Säulen, alles atmete Muße und Heiterkeit. . .» Seine Silhouette nur noch die eines Schriftstellers, der die Gunst einer späten stillen Stunde zur Arbeit nutzt, eines zu den Höhen des Ruhms aufgestiegenen Mannes, der die egoistische Lust am Schreiben auskostet.

— Könnten Sie uns etwas über Ihr Projekt **Das rote Rad** *und dessen geplante Weiterentwicklung erzählen?*

— Es handelt sich um einen Bericht, der die gesamte Periode der Revolution in Rußland erfassen soll; etwa einhundert historisch reale Personen kommen darin vor, von hochgestellten Persönlichkeiten bis zu ganz und gar unbekannten Menschen; das Geschehen ist an mehreren Dutzend Handlungsorten angesiedelt. Würde man ein so großangelegtes Werk angehen, ohne sich dabei eine spezifische Methode zu eigen zu machen, so würde es einen ungeheuren Umfang erreichen.

Selbst wenn ich die Kraft dazu gehabt hätte, hätte mir doch die Zeit gefehlt. Vor langer Zeit schon, vor fünfzehn Jahren etwa, habe ich mich für die Methode der Knoten entschieden, die ich aus der Mathematik übernommen habe. In der Mathematik gibt es nämlich diesen Begriff der Knotenpunkte. Um dem Verlauf einer Kurve folgen zu können, ist es nicht notwendig, jeden einzelnen Punkt auf der Kurve zu kennen und zu markieren; es genügt, die aussagekräftigen Punkte herauszufinden. Wenn man diese Knotenpunkte einzeichnet, sieht man, wie die Kurve verläuft. Ich habe meine Arbeit also auf diese Knotenpunkte konzentriert. Zeitlich gesehen sind dies ziemlich kurze Segmente, nie länger als drei Wochen. Über das Intervall mache ich keine Angaben. **August Vierzehn** war der erste dieser Knoten.

— Mit welchem Datum der russischen Geschichte soll Ihr Epos schließen?

— Eigentlich hätte es bis 1922 gehen sollen. An diesem Punkt sind alle Folgen der Revolution deutlich geworden, hat sich die gesellschaftliche Dynamik erschöpft, ist der geschichtliche Weg vorgezeichnet. Aber ich fürchte, daß ich nicht lange genug lebe, um diesen Punkt zu erreichen. Deshalb habe ich von meinem ursprünglichen Vorhaben abrücken müssen. Meine persönliche Geschichte — das Gefängnis, die Lager — hat mich Umwege machen und mich mein Werk über den Gulag schreiben lassen. Daneben gab es noch einige Dinge in meinem Leben, die auch nicht ganz unwichtig waren, wie die hohe Wahrscheinlichkeit, daß ich an Krebs sterben würde, was mich dazu gebracht hat, **Krebsstation** zu schreiben. Mein Gefängnisaufenthalt, meine Situation im Untergrund, dies alles hat es mir unmöglich gemacht, ein Schriftstellerleben zu führen. Ich mußte andere Dinge tun, um zu überleben. Mathematik und Physik unterrichten. Dazu kam das oft notwendige konspirative Vorgehen. Dies alles hat mich viel von meiner Zeit gekostet, mich gehindert, das Vorhaben auszuführen, dessen Umrisse ich 1936 entworfen hatte. Ich mußte es aufgeben, dachte aber natürlich weiter daran. Ich setzte meine Lektüre fort, las allerdings unsystematisch, und erst ab 1969 konnte ich diese Arbeit wiederaufnehmen und mich ihr ganz widmen. Seit vierzehn Jahren also tue ich nun nichts anderes. Und die Hälfte sollte ich eigentlich schon geschafft haben. Aber ich bin noch nicht so weit. Ich denke, daß ich nicht mehr die Zeit haben werde, das Werk zu vollenden. Aber ich möchte so weit wie möglich kommen. Und das, was ich nun gerade vor wenigen Tagen abgeschlossen habe, nenne ich Akt I: die Revolution, ein Komplex von drei Knoten: **August, September** und **März Siebzehn**. Das ist nun fertig. Was Sie dort sehen, sind meine Arbeitsunterlagen für **April**. Das ist der vierte Knoten. Das Jahr 1917 in Rußland ist ungeheuer ereignisreich, das Geschehen dicht gedrängt. Jeden Monat setzt eine neue Epoche ein. Von April bis Mai hat sich buchstäblich die gesamte Situation verändert. Aus diesem Grund mußte ich 1917 mit vier Knoten beschreiben. Sie zeigen die ganze Palette der Ereignisse von Februar bis Oktober. Das ist natürlich eine immense Arbeit.

— Sie haben dieses große Projekt also mehr als dreißig Jahre mit sich herumgetragen. Wie und warum kommt ein Achtzehnjähriger darauf, ein solches Werk schreiben zu wollen?

— Ich muß dazu sagen, daß ich im Zeichen der Revolution geboren wurde, nämlich im Jahre 1918. Und als Kind hörte ich die Erwachsenen oft von der Revolution sprechen. Meine Kindheit verlief wirklich im Schatten der Revolution. Und unter diesen Umständen ist es nicht verwunderlich, daß die Revolution mein Interesse auf sich gezogen hat. Wie ist dies nun konkret geschehen? Mit neun Jahren habe ich — aus einem Grund den ich nicht erklären kann — beschlossen, Schriftsteller zu werden. Mit zehn Jahren habe ich ***Krieg und Frieden*** von Tolstoi gelesen, und dieses Buch hat mich tief erschüttert, seine historische Größe, sein Format. Von diesem Augenblick an habe ich begonnen, Bücher über die Revolution zu lesen. Und es war sicherlich nötig, daß die Dinge ineinandergriffen, damit dieses Vorhaben Gestalt annahm, bevor ich achtzehn Jahre alt war. Ich war damals noch ein bißchen zu jung, um mich an die Ausführung zu machen. Als ich achtzehn war, hat mich dieser Plan gepackt. Ich erinnere mich noch genau an die Umstände und an den Tag, an dem es geschah. Alles dauerte nur wenige Minuten. Sogar an den Ort erinnere ich mich noch.

— Könnten Sie uns über diesen für Sie lebensentscheidenden Augenblick berichten?

— Es war am 18. November 1936 in Rostow. Zur damaligen Zeit gab es in der UdSSR keinen Sonntag. Die Woche hatte sechs Tage, der Sonntag sollte vergessen werden. Es war sehr schönes Wetter, vielleicht ein wenig wärmer als heute. Ein wirklich sehr sonniger Tag mit einer recht tiefstehenden Sonne. In einer seltsamen inneren Unruhe — man könnte sogar von Spannung sprechen — ging ich den Puschkin-Boulevard hinunter. Die Bäume waren schon kahl. Und plötzlich hatte ich die Eingebung, diesen Roman zu schreiben. Ich hatte damals die Schule schon hinter mir und studierte die ersten Monate an der naturwissenschaftlichen Fakultät. Die sowjetische Propaganda hatte mich schon beeinflußt, und ich dachte, es sei vor allem anderen notwendig, die Oktoberrevolution zu erklären. Aber ich wußte, daß man zuerst die Jahre davor beschreiben müßte. Ohne den Ersten Weltkrieg könnte man die Revolution nicht erklären. Damals dachte ich daran nur als Vorspiel. Eine Rückschau, um eine bessere Erklärung geben zu können. Ich begann, Bücher über den Krieg zu lesen, und stieß bald auf die Katastrophe der Armee Samsonows, die für diesen Krieg typisch ist. Und ich kam auf den Gedanken, diesen Samsonow-Feldzug im Detail nachzuvollziehen. Außergewöhnlich daran — und auch außerhalb meiner Vorstellungskraft, als ich über der Gefechtskarte arbeitete — ist, daß ich den Weg von Samsonow wiederholen sollte. Denn wirklich war ich im Zweiten Weltkrieg an denselben Orten, in denselben Städten wie er während des Ersten Weltkriegs. 1937 habe ich mit dem Schreiben begonnen. Ich hatte schon eine sehr genaue Vorstellung vom Aufbau des Buches. Ich wußte, wie die Kapitel aussehen sollten. Ich hatte schon alles entschieden. Ein gutes Dutzend der damals, 1937, geschriebenen Kapitel habe ich wieder benutzt.

Dann kam der Krieg und später das Gefängnis. Aber ich habe mein Vorhaben nie vergessen. Ich befragte meine Mitgefangenen über die damalige Zeit. Natürlich konnte ich mir keine Notizen machen, sie wären sofort beschlagnahmt worden. Alles nur im Kopf! Ich merkte mir alles. Dann schrieb ich die Berichte über mein Leben im Lager und konnte mich nicht mehr darum kümmern.

Als ich mich schließlich vor sechs oder sieben Jahren wirklich an die Arbeit setzte, begriff ich bald, daß ich nicht weit genug zurückgegangen war, tiefer in die Geschichte der revolutionären Bewegung und des Terrors in Rußland einzudringen. Und so begann ich meine Erforschung des Terrors und der Vorkriegsjahre. Dabei habe ich selbst die außergewöhnliche Aktualität vom August 1914 entdeckt. Nicht für Rußland, sondern für das heutige Europa.

Auf diese Art ist das also geschehen. Es ist eine alte Geschichte, aber man muß sie kennen. Und für den Westen liegt die direkte Aktualität in der Geschichte dieses revolutionären Terrors. Ich habe sie detailliert an den weiblichen Figuren nachgezeichnet. Es ergibt sich eine Übereinstimmung mit dem heutigen Terrorismus im Westen.

Die acht Monate von der Februar- bis zur Oktoberrevolution sind wie ein Abriß, ein erstaunliches Resumee des Wegs, den Europa dann über mehrere Jahrzehnte hinweg gehen wird. Eben diesem Weg folgt der Westen jetzt, sehr langsam. Die Geschichte Europas ist 1914 in Stücke gebrochen. Ich begreife, ich beurteile, ich beschreibe den Krieg von 1914, als wäre ich ein Kriegsteilnehmer von damals. Das ist meine Bestimmung. Ich war im Zweiten Weltkrieg, aber ich fühle mich mehr mit dem Ersten verbunden. Und in meinem Unbewußten empfinde ich, wenn ich dieses ganze historische Material studiere, wie das Europa der damaligen Zeit war. Ich habe gesehen, wie Europa seinen eigenen Ruin gesucht hat.

— Ist denn der Erste Weltkrieg nur ein Katalysator gewesen?

— Von der Französischen Revolution bis zum Ersten Weltkrieg, über das gesamte 19. Jahrhundert hinweg, hat Europa sich auf seinen Untergang zubewegt. Die höheren Bezüge gingen verloren. Europa konzentrierte sich ganz auf materiellen Wohlstand. Wie immer gingen die inneren Entwicklungen den äußeren Ereignissen voraus. Aber dann, am Anfang des 20. Jahrhunderts, war Europa auf dem Höhepunkt seiner materiellen Potenz, seines Wohlstands, aber gleichzeitig schon auf dem Weg in seinen Ruin. Innerlich.

Ich sage: innerlich, weil die Verantwortlichen von 1914 nicht auf der Höhe der Ereignisse waren. Alle wurden überrascht, verstanden nicht, welche Epoche da anbrach, und wußten nicht, wie man reagieren sollte. Ich hege ein Gefühl tiefen Mitleids für jenes Europa, wie es im Jahre 1914 unterging. Bei uns fand dies unmittelbar in einer Revolution seinen Ausdruck. Aber seitdem setzt sich der Niedergang in ganz Europa fort. Ununterbrochen. Der technische Fortschritt ändert nichts an diesem Verfall.

— Aber dennoch ist Europa nicht zwangsläufig verloren?

— Ich bin ganz und gar nicht davon überzeugt, daß Europa zwangsläufig verloren ist. Im Leben ist es so eingerichtet, daß letztendlich alles von uns abhängt. Heute erleben wir einen Niedergang des Okzidents. Aber das bedeutet nicht, daß die Ziviliation in ihrer Gesamtheit, im christlichen Verständnis des Worts, zum Untergang verurteilt ist, und nicht nur dieser oder jener Teil der Zivilisation. Ich bin überhaupt nicht pessimistisch. In dem Augenblick, wo sich mein Volk wirklich ganz tief am Boden befindet, so glaube ich, wird es einen Ausweg geben. Ich bin in den letzten Jahren zu dem Schluß gekommen, daß unsere Februar/Oktoberrevolution als Ereignis betrachtet werden muß, das zu einem längeren Prozeß gehört. Die Französische Revolution war das erste Signal, das der Menschheit gegeben wurde, die Russische Revolution das zweite, und wir nähern uns nun der Lösung der Konflikte, die diese Revolutionen erzeugt hatten. Dem Kommunismus sind Millionen Menschen zum Opfer gefallen; mein Land hat ein Drittel seiner Bevölkerung verloren, und die Besten seiner Bürger waren darunter.

Dennoch gehen wir aus diesen Prüfungen gestärkt hervor. Der innere Wiederaufstieg der Völker unter kommunistischer Herrschaft hat begonnen, während der Niedergang der Völker, welche die Prüfung des Kommunismus nicht erlebt haben, sich fortsetzt. Das bedeutet nicht, daß sie untergehen werden. Sie unterliegen vielleicht nur dem Gesetz vom Fall und Wiederaufstieg. Der Strukturmangel des 18. und 19. Jahrhunderts hat uns zur Hölle des 20. Jahrhunderts verurteilt. Der Schatten des Mondes verfinstert einen Ort auf der Welt, dann wandert er weiter, woandershin. So ist es heute vielleicht mit dem Totalitarismus. Er ist über die Erde gezogen und wird sie vielleicht verlassen. Und das Schicksal eines jeden Landes ist es, in diese Schattenzone einzutauchen und später wieder aus ihr hervorzukommen. Die Prüfungen des 20. Jahrhunderts führen uns zur Entdeckung neuer spiritueller Werte. Zu einem Infragestellen der materiellen Werte, die uns irregeleitet haben.

— Viele Schriftsteller, von Dostojewski bis Kundera, sehen Rußland außerhalb von Europa. Wozu gehört Rußland für Sie, zu Europa oder zu Asien?

— Ich glaube, daß wir eine doppelte Rolle haben. Das war immer so und wird immer so bleiben. Offen gesagt: Rußland ist ein Kontinent für sich. Und als Kontinent haben wir das Recht auf unsere eigene Entwicklung. Wir stehen zwischen der westlichen und der östlichen Lebensart, und es ist normal, daß wir im Laufe der Geschichte beide in uns aufgenommen haben. Es ist nicht richtig, uns eindeutig Europa oder eindeutig Asien zuzuordnen.

— ***Sie sind orthodoxer Christ. Glauben Sie, daß die religiösen Grenzen die Grenzen von Europa grundsätzlich bedingen?***

— Nein, ich glaube nicht, daß die Grenze zwischen Orthodoxie und Katholizismus die Grenze von Europa ist. Eine der großen Tragödien unserer Epoche, weit vor dem 18. Jahrhundert, war die Spaltung des Christentums. Wir, die Gemeinschaft der Menschen, haben uns als unfähig erwiesen, die Einheit des Christentums zu erhalten. Die Konsequenzen sind bekannt; die Hauptfolgen waren die Religionskriege. Im 19. Jahrhundert haben Schriftsteller wie Dostojewski diesen Divergenzen weiterhin eine übertriebene Bedeutung beigemessen; Dostojewski hat sich darüber viele Sorgen gemacht. Für mich ist all dies überholt. Ich halte diese Unterschiede für veraltet, verjährt, und meine, daß sich nicht nur alle Christen, sondern alle gläubigen Menschen auf der Welt dem militanten Atheismus entgegenstellen müssen. Einigkeit ist schwer zu erreichen, aber ein Bündnis ist doch möglich.

— ***Woran denken Sie, wenn Sie vom inneren Wiederaufstieg der Völker unter kommunistischer Herrschaft sprechen? An die Ereignisse in Polen und die «Solidarität»?***

— Ich dachte generell an eine Art Wiederherstellung geistiger Werte. Die Ideale des Sozialismus erfreuen sich bei der Jugend des Westens noch immer einer hohen Wertschätzung. Aber wir, wir lehnen heute den kommunistischen Totalitarismus ganz und gar ab, wir haben die materiellen Träumereien des Sozialismus hinter uns gelassen. Und die etatistischen Elemente, die man bei jeder Art des Sozialismus wiederfindet, sind uns verhaßt geworden. Von dieser Sorte Ideale sind wir geläutert. Dies ist eine tiefer greifende Veränderung als eventuelle politische Veränderungen. Und es ist offenbar, daß man das, was in Polen geschieht, unter diesem Gesichtspunkt des tiefen, inneren Wandels begreifen muß. Nicht, daß die *'Solidarität'* entstehen konnte oder daß sie aufgelöst wurde ist wichtig. Wichtig ist diese anhaltende antikommunistische Welle im Volk, die vom Christentum gespeist wird. Zum ersten Mal wird hier der innere Wandel, der sich augenblicklich in den sozialistischen Staaten vollzieht, nach außen hin deutlich. Diese antikommunistische Bewegung wird in verschiedenen Ländern zu verschiedenen Zeitpunkten ihren Durchbruch erleben. Ich selbst bin ja auch auf eine gewisse Art ein Beispiel dafür, was an solchen Tendenzen unter dem Kommunismus entstehen und sich entwickeln kann.

— **Das rote Rad** *ist formal gesehen eher konventionell. Wird dies bis zum Ende des Buchs so bleiben? Und, allgemeiner gefragt: Was halten Sie von Versuchen, eine moderne Art des Schreibens zu entwickeln, und von den avantgardistischen Bestrebungen unseres Jahrhunderts?*

— Was die Literatur angeht, bin ich Traditionalist. Wenn ich dies so sage, meine ich damit, daß ich am allgemeinen Sinn des Schöpferischen in der Literatur festhalte. Das hat nun weder mit der Form noch mit dem Genre etwas zu tun. Aber erlauben Sie mir, Ihnen hinsichtlich der Form von **August Vierzehn**, die Sie traditionell nennen, zu widersprechen. Man kann sich niemals als Ziel setzen, Avantgardist zu sein oder sich irgend etwas auszudenken, das noch nie jemand gemacht hat. Eine solche Aufgabe habe ich mir auch nie gestellt. Ich arbeite mit dem Material, das mir zur Verfügung steht, und frage mich einfach, wie ich es formen und am wirkungsvollsten und so konzentriert wie möglich einsetzen kann. Wir haben heute ein anderes Lebenstempo als im 19. Jahrhundert, ein anderes Lesetempo, sogar ein anderes Denk- und damit Rezeptionstempo. Man kann nicht mehr so schreiben wie im 19. Jahrhundert. In meinem Werk habe ich mich acht verschiedener Genres bedient, aber ich habe dies in keinem Fall getan, um beim Leser den Eindruck von Originalität zu erzeugen. Ich suche lediglich das adäquateste, wirkungsvollste und dichteste Mittel, auf jeder Seite die beste Vermittlungsart für das jeweilige Segment.

Das Wort Avantgardismus, das ich noch aus meiner Jugend im Ohr habe, ist mir offen gesagt immer absurd vorgekommen, inhaltsleer. Man kann nicht einfach Avantgardist sein. Man muß irgend etwas in Herz und Seele haben. Wenn ein Schriftsteller nur Avantgardist ist, dann ist er gar nichts. Ich halte die erstaunlichen Novitäten des Westens für allesamt banal, für sinnlose Spielerei, wenn sie nicht mit geistigem Fortschritt verbunden sind. Sie beschleunigen nur den geistigen und moralischen Niedergang des Abendlands. Am Ende des Mittelalters verfügte Europa über eine hochentwickelte Geisteswelt, aber im Laufe der Jahrhunderte ist dieses Gefüge zusammengebrochen und durch Geistesakrobatik ersetzt worden. Auch der Avantgardismus hat zu dieser Zerstörung beigetragen.

— ***Könnten Sie uns im Einzelnen erklären, wie Sie bei der Arbeit am* Roten Rad *vorgehen?***

— Ich habe außergewöhnliche Arbeitsbedingungen. Praktisch habe ich 98 % des Materials, das ich brauche, zur Hand. Die restlichen 2 % muß ich aus Bibliotheken beschaffen. Über Jahre hinweg habe ich persönliche Zeugnisse von älteren Menschen, von denen heute schon die meisten gestorben sind, gesammelt; ich verfüge über dreihundert solcher Zeugnisse, die ich schon in der Sowjetunion, aber dann besonders im Ausland, in der Emigration, zusammengetragen habe. So ist eine absolut einzigartige Bibliothek entstanden. Dann hat man mir Bücher geschickt; ich brauchte sie nicht zusammenzusuchen, Emigranten haben sie mir von überallher zukommen lassen. Mir wurde klar, daß ich alles hatte, was ich für die Arbeit brauchte. Sogar eine komplette Kollektion der Zeitungen des Jahres 1917. Und in der Sowjetunion gedruckte Dokumente — bis zum Februar 1917 wurde viel gedruckt, ab Februarnichts mehr. Das einzige Problem bei meiner Arbeit ist die Zeit. Werde ich genug

Zeit haben, sie abzuschließen?

Es sollen aber nicht zu viele Dokumente im Text erscheinen. Die meisten von ihnen sind in einer formelhaften, hölzernen Sprache geschrieben, die den Leser nur ermüden würde. Ich bemühe mich darum, die Psychogramme der Leute, die sie verfaßt haben, und ihr Ereignisumfeld zu rekonstruieren. In den deskriptiven Kapiteln zeige ich, ohne über die Grenzen der Quellen hinauszugehen, auf, wie diese zustande gekommen sind. Wenn es sich bei einem Dokument zum Beispiel um ein Telegramm handelt, beschreibe ich die Intentionen des Absenders und die Gefühle und Gedanken, die es beim Empfänger auslöst.

Zeitungen habe ich also mehr als ein Dutzend verschiedener. Das ist sehr interessant, weil keine die andere wiederholt. Das war eine Explosion damals: jeder meldete sich zu Wort, jeder schrieb. Diese Zeitungen lebten. Wie ist dieses Leben nun zu nutzen? Man kann Fragmente nehmen, Ereignisbruchstücke, Einstellung und Stimmung dieser Zeitungen und ihrer Autoren herausarbeiten, aber ich habe ja auch gut zweihundert Figuren, historische Personen, für deren Dialoge ich die Zeitungsartikel verwerten kann. Manchmal ist es unvergleichlich viel besser, das Zitat einfach so wiederzugeben, wie es ist, weil sich in einem Ausdruck nicht nur ein Ereignis, sondern auch exakt die Sprache jener Epoche spiegeln kann. Dieses Vorgehen nenne ich Zeitungsmontage; die Montagetechnik habe ich von Dos Passos übernommen, dessen Werke ich zum ersten Mal im Gefängnis gelesen habe. Und seine Idee hat mir sehr gefallen. Aber ich benutze sie auf eine andere, sogar entgegengesetzte Art als er. Dos Passos hat aus dem Zeitungsgeschwätz eine absurde Montage gemacht. Dieses Geschwätz hat mit dem wirklichen Leben nicht viel zu tun, doch ich versuche nun, es als Material zur Herausbildung des Ereignisses einzusetzen. Die Montage hat bei mir also einen völlig anderen Sinn als bei Dos Passos.

Außerdem gibt es noch Kapitel, die ich Panoramakapitel nenne. Im Kern entfernt sich das Buch nicht weit von den historischen Fakten; die meisten Kapitel schildern präzise Ereignisse. Aber dies sind nun Kapitel, in denen ich eine subjektive Interpretation zulasse oder gewisse Idiome von einer höheren historischen Warte aus betrachtet werden müssen. In solchen Fällen füge ich ein kleingedrucktes Panoramakapitel ein. Im ersten Band von **August Vierzehn** enthalten diese Kapitel hauptsächlich Bemerkungen zum Fortgang der militärischen Operationen, die der Orientierung des Lesers dienen. Im zweiten Band wird in einem Panoramakapitel ein Überblick über das Leben und Wirken von Stolpyn gegeben. Wiederum kleingedruckt, wie ich es auch bei der Erläuterung bestimmter Ereignisse in den Folgebänden handhaben werde, um dem ungeduldigen Leser anzuzeigen, daß er diese Kapitel auslassen kann.

Bei der Arbeit am **Roten Rad** stellte sich mir eine wichtige Frage: Wie hoch sollte der Anteil historischer Personen — nicht unbedingt im Mittelpunkt der Handlung, aber doch real — und wie hoch der der fiktiven Figuren sein? Den fiktiven Personen sehr breiten Raum zuzugestehen, hätte ich als sinnlose Spielerei empfunden, als ein Spiel, das mir des Schriftstellers nicht würdig scheint. So als hätte ich ein bißchen mit den historischen Ereignissen gespielt und hier und da die ein oder andere Person als Beobachter eingefügt. Eigentlich gilt meine ganze Aufmerksamkeit den Personen, die wirklich gelebt haben. Was mich interessiert, ist, ihr Denken, Fühlen und Handeln zu interpretieren. Und an diesem Punkt stellt sich das Problem umgekehrt. Ich kann nicht alle fiktiven Personen herausnehmen; ein Roman, ein literarisches Werk braucht fiktive Personen, sie geben ihm einen Boden, ein Gewebe, einen Hintergrund, schaffen Nischen des Alltagslebens, in denen man die Geschichte für einen Augenblick vergessen kann.

Im Knoten **März** ist der Anteil des Fiktiven auf zehn Prozent geschrumpft. Dagegen wird der Fiktion in **Oktober-November Sechzehn**, eine Zeit, in der es keine so rasche Abfolge der Ereignisse gab, mehr Platz eingeräumt. Die Schilderung der Revolution ist eine besondere, schriftstellerische Aufgabe. Das ist nicht wie die Schilderung eines Krieges oder irgendeines politischen Vorgangs. Bei der Revolution überstürzen sich die Ereignisse, und es gibt ein Heer von Beteiligten. Der Aufbau des Buches bringt dies zum Ausdruck. Schnell folgen die Kapitel aufeinander, in chronologischer Folge. Nicht in starrer, aber doch in strenger Ordnung, Minute auf Minute, wenn es sein muß. Ich füge nichts hinzu. Der Autor enthält sich eines Kommentars. Es ist die Abfolge der — manchmal sehr kurzen — Kapitel, in denen unterschiedliche Ereignisse geschildert werden, woraus dann der gewünschte Eindruck entsteht, sei es nun der Eindruck des Gegensatzes, des Kontrasts oder der Kontinuität. Wohlverstanden: Ich bin ganz und gar nicht frei; ich werde nicht von der Chronologie abweichen.

Schritt für Schritt folge ich der Revolution. Von einer Minute zur nächsten. Es gibt sogar Schilderungen, die mit dem Morgengrauen beginnen und mit der Abenddämmerung enden. Ich berichte alles, was geschehen ist, in allen Vierteln der Stadt. Aber das genügt nicht. Es muß noch stärker dynamisiert und der Eindruck des Fragmentarischen vermittelt werden. Also werden fragmentarische Kapitel eingefügt, kurze bruchstückhafte Ereignisberichte, die diesen Eindruck der Widersprüchlichkeit verstärken. Um mehr Dynamik zu erreichen, bediene ich mich auch der Erzähltechnik des Films. Ich zeige gewisse Szenen wie aus der Kameraperspektive, etwa in **März** die Belagerung des Hotels durch Soldaten, die eine Plünderung vorbereiten; beim Lesen soll die Szene filmhaft wirken, so als könnte man sie auf der Leinwand verfolgen. Und schließlich setze ich noch Sprichwörter ein. Ich meine jetzt nicht Sprichwörter, die meine Personen möglicherweise gebrauchen, sondern solche, die isoliert zwischen den Kapiteln stehen. So als ob jemand aus dem Volk den Bericht hörte und seine Gedanken dazu äußerte. Er kommentiert das gerade abgeschlossene Kapitel, das dadurch in einem anderen

Licht erscheint.

— *In* **August Vierzehn** *weigert sich ein Offizier, im Zug zu reisen, und nimmt lieber sein Pferd, weil er sagt, daß er sich an dem Land, das er durchquert, 'reiben' müsse, um es zu begreifen. Können Sie so fern von Rußland weiter über Rußland schreiben?*

— In Rußland sind die Lebensbedingungen derart katastrophal, daß ich wirklich hier besser schreiben kann. Wenn ich in Rußland irgendwohin reisen müßte, zum Beispiel an den Don, wäre ich zu Heimlichkeiten gezwungen, könnte mir keine Notizen machen und würde von jedermann argwöhnisch beobachtet. Sie würden mich festnehmen oder mein Material beschlagnahmen. Nein, das ist unmöglich. Als ich Rußland verlassen habe, war ich fünfundfünfzig Jahre alt. Ich habe Rußland also lange genug erlebt, um ein ganzes Leben lang hier darüber schreiben zu können. Außerdem stehe ich dank der Dokumente und Zeugnisse, die man mir zur Verfügung gestellt hat, in lebendigem Kontakt mit den Zeitgenossen der Ereignisse. Wenn ich in diesen Quellen lese, habe ich nicht nur das Gefühl, nach Rußland, sondern in das Jahr 1917 zurückgekehrt zu sein und es dort zu erleben.

— ***Sie sind von Ihrer Ausbildung her Naturwissenschaftler. Glauben Sie, daß die Literatur und die Schriftsteller eher dazu imstande sind, die Bilanz einer Epoche zu ziehen als die Wissenschaft mit ihren positiven Erkenntnissen?***

— Nein, das glaube ich nicht. Aber ich denke doch, daß die Literatur ihre eigenen, einzigartigen Möglichkeiten hat. Und übrigens nicht nur die Literatur, sondern die Kunst im allgemeinen. Die Intuition ist meiner Meinung nach ein entwickelteres Mittel der Erkenntnis als technische Arten der Erkenntnisgewinnung. Nur muß die Intuition durch Erfahrung und Spiritualität gespeist und bereichert werden. Die Wissenschaftler können bei ihrer Arbeit nicht intuitiv vorgehen. Aber der Schriftsteller kann, wenn er ganze Kontinente zu erforschen hat, und zwischen diesen Kontinenten nur ein Nichts, nur eine Leere ist, dieses Nichts dank der Intuition überwinden. Die Intuition führt zu außergewöhnlichen Ergebnissen. Nehmen wir etwa den Fall dieses Offiziers, den Sie eben erwähnt haben. Er begegnet sehr bald dem Oberst Krymow. Als ich über Krymow geschrieben habe, wußte ich über ihn nichts weiter als allgemeine Dinge. Und ich beschrieb also dieses Treffen mit dem Offizier. Viele Jahre später habe ich im Westen jemanden getroffen, der Krymow persönlich gekannt hat, und zwar sehr gut. Mir sträubten sich die Haare: Ich hatte die Charakterzüge von Krymow erraten. Nach den wichtigen Ereignissen seines Lebens hatte ich geahnt, wie sein Charakter gewesen sein mußte, seine Art zu scherzen, zu antworten und die Leute zu beurteilen, daß er insgesamt ein wenig brummig war. Und alles stimmte ganz genau. Die Intuition fand sich voll und ganz bestätigt. Und das ist mir mehrmals so gegangen.

— ***Die enge Beziehung, die zwischen dem Krieg und vielen großen Romanen zu bestehen scheint, ist doch erstaunlich, nicht wahr?***

— In dem Maße, in dem der Krieg eine massive Manifestation starker Gefühle ist, ist er ein geeignetes Thema für die Literatur. Und die Revolution als noch massivere Manifestation noch stärkerer Gefühle ist ein noch geeigneteres Thema für die Literatur. Und doch werden Revolutionen in der Weltliteratur weitaus seltener thematisiert als Kriege, einfach, weil eine Revolution noch schwieriger zu schildern ist als ein Krieg.

— ***Wenn man Ihre Bücher liest, hat man das Gefühl, daß für Sie die Lust am Schreiben Ähnlichkeit mit der soldatischen Lust am Kämpfen hat. . .***

— Ja, diese Feststellung überrascht mich nicht. Ich habe in **Die Eiche und das Kalb** in bezug auf meine Arbeit als Schriftsteller viele militärische Vergleiche gebraucht. Im Verhältnis zum sowjetischen Regime fühle ich mich wie ein Heerführer. Und damals habe ich wirklich Lust dabei empfunden.

— Läßt diese Totalmobilmachung des ganz und gar vom Werk besetzten Schriftstellers Ihnen noch Zeit zu lesen?

— Während der Hälfte meines Lebens hat es mir an Zeit gefehlt. Die Lager, meine Untergrundtätigkeit, die Beschäftigungen, mit denen ich mir den Lebensunterhalt verdient habe, Unterricht in Mathematik, Hausaufgabenkorrektur, das Schreiben von Romanen, die zunehmende Mühe, die Manuskripte zu verstecken, der Kampf gegen das sowjetische System — all dies ist verantwortlich für die starke Vernachlässigung des Lesens. Von meiner Verhaftung bis zum Exil habe ich sehr wenig gelesen. Ich beginne erst jetzt, mir eine gewisse Zeit für die Lektüre zu reservieren. Das ist allerdings mit vielen Schwierigkeiten verbunden. Das Zusammentragen von Dokumenten hat mich viel Zeit gekostet. Und abends kann ich nie zu Bett gehen, ohne alles vorbereitet zu haben, was ich brauche, um am nächsten Morgen schreiben zu können. Vielleicht werde ich noch ein wenig freie Zeit haben, so Gott will. Ich bin sehr begierig auf literarische Lektüre, darauf, alles zu lesen, wozu ich nie gekommen bin. Mein Leben war ein Wettlauf.

— Glauben Sie, daß Sie eines Tages als freier Mann und Schriftsteller nach Rußland zurückkehren können?

— Niemand kennt die Stunde seines Todes. Der Mensch kennt niemals seine Zukunft, aber ich bin der festen Überzeugung, daß ich, sollte ich noch ein bißchen leben, trotz aller logischen Argumente, trotz der entsetzlichen Zustände, wie sie heute in der Sowjetunion und der ganzen Welt herrschen, selbst — und nicht nur meine Bücher — wieder nach Rußland zurückkehren werde. Und ich glaube, daß ich daheim sterben werde, in meinem Land.

Cavendish (Vermont), den 13. Dezember 1983

LEONARDO SCIASCIA: EUROPA UNTER PALMEN

Einige Männer in Zivil, wie Scharfschützen feuerbereit hinter einem Schutzwall aus Autos postiert, und einige Karabinieri erwarteten die Maschine aus Rom am Ende der Landebahn. Die Außentemperatur lag bei 14 Grad; Wind vom Meer war aufgekommen. Gleichmäßig wanderten die Lichtkegel des Blaulichts. Kaum hatte man die Flugzeugtür geöffent, war ein bärtiger Mann im Mantel die Gangway hinuntergelaufen und sofort in einem Alfa mit undurchsichtigen Scheiben verschwunden. Das Häufchen der übrigen Passagiere hatte schweigend und bewegungslos am Ausgang der DC-9 ausgeharrt. Plötzlich waren die Wagentüren zugeschlagen worden, die Autos mit heulenden Motoren davongefahren. Augenblicklich wurde das Schweigen gebrochen. Ein Name in aller Munde: «Falcone. . .»

Am nächsten Morgen in einer ruhigen Wohnung: Leonardo Sciascia kommentiert gelassen das ehrgeizige Vorhaben und die Methoden des kleinen palermischen Richters, 46 Jahre alt, der seit drei Jahren einen totalen Krieg gegen die Mafia führt. Er hat einige Familien der «Gewinner-Mafia» zu Fall gebracht, doch seine Ermordung ist offenbar nur eine Frage der Zeit.

— Heutzutage stehen die Richter unter starkem Begleitschutz. Richter Falcone ist bereit, bis zum Letzten zu gehen. Aber es kommt darauf an, ob es wirklich einen politischen Willen gibt, ihn zu unterstützen. Das letzte Anti-Mafia-Gesetz, das Gesetz Pio La Torre, ermöglicht es, durch Vermögenskontrolle rechtswidrigen Bereicherungen auf die Spur zu kommen. Das ist gut und übrigens eine Gesetzesmaßnahme, von der ich schon 1961 im **Tag der Eule** gesprochen habe. Aber die Frage ist, ob der Wille zu ihrer Durchführung besteht.

— Sind Sie von der Mafia belästigt worden?

— Nein, aber ich habe mich zu einer Zeit mit der

Mafia beschäftigt, als sie sich noch an gewisse Regeln hielt. Richter, Journalisten und Karabinieri wurden nicht ermordet.

— ***Meinen Sie damit, daß die Mafia die Methoden der Roten Brigaden übernommen hat?***

— Nein. Aber es ist offensichtlich, daß sie vom Terrorismus etwas gelernt hat und daß es ein Bindeglied zwischen beiden gibt: die Geheimdienste.

Sciascia kneift seine lebhaften Augen zusammen. Sein mit dunkler Stimme und in gleichbleibendem Tonfall gesprochenes Italienisch hat etwas Schnurrendes. Geduckt sitzt er in einem kleinen Wohnzimmersessel. Durch das behagliche Grau seiner Kleider wirkt sein energisches Gesicht besonders gesund. Er hat eine bäuerliche Gesichtsfarbe, eine leicht aufwärtsgebogene Nase und volle Backen. Eine große innere Ruhe geht von ihm aus. Er ähnelt einer Katze. Morgens arbeitet er zu Hause, gegenüber dem Portät eines anderen Sizilianers: Pirandello. «Ich übe mein Handwerk aus. Ich betreibe die praktische Tätigkeit Schreiben mit der Hingabe und Sorgfalt, die dem Handwerk eigen sind.» Nachmittags, wenn das Pflaster von Palermo naß ist — Katzen mögen keinen Regen —, wechselt er zu den Polstern über und liest. Oder aber, er macht einen weiten Satz bis ins Stadtzentrum, schaut sich Ausstellungen an, geht in Galerien, unterhält sich mit Freunden. Sciascia hat lange in einem Dorf gewohnt. Dort, in Racalmuto, trafen sich die Männer jeden Tag, um über Gott und die Welt zu reden. Von daher rührt Sciacias Gefallen an ruhigen Stunden, die mit nutzlosen Gesprächen dahinfliegen; schließlich ist ja, was einem Romanschriftsteller zu Ohren kommt, nicht unbedingt verloren.

Auch Stendhal liebte Alltagsgespräche. Ohne sie fühlte er sich «wie erstickt». Übrigens gibt es mehr als eine Ähnlichkeit zwischen Stendhal und Sciascias. Letzterer hat sich sogar einst im ***Leben des Henry Brulard*** wiedererkannt. Es ist dies ein Stendhal, der weder Schauspielerin noch Komtesse, noch Generalswitwe gekannt hätte. Ein Stendhal, der als Volksschullehrer 1943 seine Kollegin an der Dorfschule heiratet. ***His wife*** ist immer da, sitzt im Wohnzimmer, hört alles und sagt nichts. Sie steht auf, um eine Miniatur des Dichters der ***Kartause*** von der Wand zu nehmen. Sciascia hat sie in Mailand zufällig bei einem Antiquar gefunden.

Und doch ist dieser beleibte, kleine Lehrer, der seine arme Insel liebt (und wenn er sich nun für Goethe, Stendhal, Lampedusa, Pirandello, also für die Literatur, nur aus Patriotismus interessiert hätte, nur des reinen Glücks wegen, zu erfahren, daß er mit seiner Liebe zu Sizilien nicht allein steht), zu einem Mann geworden, dessen mahnende Stimme man in Italien hört. Er hat mitansehen müssen, wie die schlimmsten der palermischen Untugenden sich nach und nach auch im übrigen Italien verbreitet haben, wie sich die «Palmengrenze jedes Jahr fünfzig Meter weiter von Afrika in Richtung Europa verschiebt».

— Ich glaube in der Tat, daß wir eine weitreichende Sizilianisierung der Welt erleben. Hier unten zählen Ideen wenig. Daran hat man hier nie geglaubt. Dies führt zu einem Mangel an dem, was Montesquieu Tugend genannt hat. Es scheint mir nun, daß diese Einstellung sich über die ganze Welt ausbreitet. Überall greift Korruption um sich. Nichts bleibt ausgespart. Am deutlichsten zeigt sich diese Katastrophe am Bündnis zwischen Wissenschaft und Macht. Von daher dieser Alptraum eines Atomkriegs. Natürlich muß ich, wenn ich von der Verschiebung der Palmengrenze spreche, hinzufügen, daß ich mich praktisch als Araber fühle. Ich habe viel Sympathie für die Araber, aber keinerlei Verständnis für die aggressive, mitleidlose und fanatische Welt, die sich heute entwickelt. Es geschieht jetzt das Gegenteil von dem, was auf Sizilien einst zur Zeit der arabischen Besiedlung geschah. Damals verbreiteten die Araber auf Sizilien die Toleranz. Heute geht die Islamisierung in die entgegengesetzte Richtung.

Die Sorge um das Gemeinwohl brachte Sciascia dazu, sich um Abgeordnetenmandate zu bewerben. 1975 wurde er über die kommunistische Liste in den Stadtrat von Palermo gewählt. 1977 trat er zurück, weil er sich unnütz fühlte. Als Abgeordneter im italienischen Parlament hatte er auch einen Sitz im Europaparlament.

— Aber ich habe mein Abgeordnetenmandat im Europäischen Parlament aufgegeben, um ernsthaft an der Arbeit der Untersuchungskommission im Fall Moro teilnehmen zu können. Aber heute ist hier schon alles vergessen. Italien ist ein Land ohne Gedächtnis. Ich glaube, das ist ein Kernproblem unserer Geschichte. Doch einige Folgen hat der Tod von Moro wenigstens gehabt: Das Ende der Christdemokraten und den Niedergang der Kommunisten.

Der frühere Abgeordnete Sciarscia geht mit Europa, das er für das erste Opfer der großen Sizilianisierung hält, nicht gerade behutsam um.

— Das von Orwell vorhergesagte ***1984*** wird hier im Westen Wirklichkeit werden. In Italien besteht nicht mehr das, was man Rechtssicherheit nennt. Die persönlichen Freiheiten werden langsam eingeschränkt, während man in der UdSSR und den Ostblockländern den Liberalisierungsprozeß nach einem ersten Scheitern nicht wird aufhalten können. Außerdem sind überall die nationalen Egoismen stärker. Ein italienischer Minister einigt sich mit seinen europäischen Kollegen, hier die Olivenbäume zu roden. Was bedeutet das: Italien ohne Olivenbäume? Landwirtschaft ist Landschaft, und Landschaft ist Seele.

Die einzige Sache, die Europa wirklich konstituiert, ist die Angst vor der Sowjetunion. Wir sind von einer Angst erfaßt, die zur Schwäche führt und nicht zum Widerstand. Diese Angst verleitet uns eher zum Nachgeben als zum Standhalten. Lieber noch als diese Angst wäre mir, wenn man sich die Haltung von Montaigne zu eigen machen würde, der gesagt hat: «Während dieser unruhigen Jahre habe ich meine Türe offengelassen. Und nur dieser offenen Türe verdanke ich die Rettung meines Hauses.»

Ich bin nun allerdings alt genug, um mich an die

Angst Europas vor Hitler zu erinnern. Diese heutige Angst vor der Sowjetunion ist praktisch gleich. Ich entsinne mich, daß man nach dem Münchner Abkommen von 1938 in der Wochenschau sehen konnte, wie Chamberlain aus dem Flugzeug ausstieg. Er zitierte Shakespeare und meinte, er habe den Frieden für seine Generation gerettet. Ein Jahr danach brach der Krieg aus.

Der Glaube, daß der Kommunismus unvermeidlich kommen werde, hat Europa auf mystische Weise fasziniert. Man muß sich einmal klar machen, daß es den Stalin-Mythos wirklich überall im freiheitlichen Europa gegeben hat, und zwar in so ausgeprägter Form, daß in der UdSSR selbst niemals ein Äquivalent dazu bestand. Im freiheitlichen Europa war der Stalinismus ein echtes Gefühlsphänomen.

Europa ist verloren. Es hat nicht mehr die Kraft, sich zu behaupten. Die momentane Besinnung auf die europäische Kultur kommt zu spät. Die nationalen Egoismen sind zu stark und zu blind.

Leonardo Sciascia: pessimistisch, entmutigt, von seinen Ämtern zurückgetreten — und doch Bewahrer einer gewissen europäischen Idee, Überbleibsel eines unbequemen und doch geistig regen Kontinents, der die Freizügigkeit für Menschen und Meinungen zu einer Zeit, als Prag und Palermo nur einige Kutschentagesreisen von Paris entfernt lagen, entdeckte.

— Ich habe mir Kopien aus den Staatsarchiven machen lassen. In den Zolldokumenten wird ein erstaunlicher Umschlag von Büchern registriert. Und bei Stendhal habe ich gelesen, daß man immer, wenn in Paris ein gutes Buch erschien, dreihundert Exemplare nach Sizilien schickte. Wieviele Sizilianer können heute französisch lesen? Und wieviele französische Schriftsteller würden es verdienen, gelesen zu werden?

Trotzdem läßt Sciascia als Berater eines bemerkenswerten Verlages der Stadt (Sellerio, Via Siracusa 50, Palermo) auf Sizilien Gobineau, Gide, Voltaire, Giraudoux, Michel Serres und bald Angelo Rinaldi drucken.

Seltsamerweise fehlt in diesem Liebhaberkatalog der Name des Schriftstellers, den er beinahe täglich wiederliest.

— Diderot, natürlich, er ist der wichtigste. Er hat mich kritische Poesie gelehrt. Das erste Buch, mit dem ich mich herumgeschlagen habe, war sein ***Paradox über den Schauspieler.*** Damals war ich zwölf Jahre alt. Mein Vater arbeitete in einer Schwefelmine. Zu Hause hatten wir eine sehr bescheidene Bibliothek. Aber ich las viel; und wenn ich krank war, las ich noch mehr. Dieses Buch von Diderot hatte für mich etwas aufregend Neues. Und ich finde es noch immer unglaublich, daß Diderot in Europa so wenig bekannt ist.

Überall an den Wänden von Sciascias Wohnung hängen Zeichnungen und Stiche. Einige Schauspieler, viele Schriftsteller. Symbole eines vergangenen Reichtums. Gide von Segonzac, Wilde von Lautrec, Apollinaire von Picasso — als die Malerei noch die Literatur portraitierte. Diese Votivbilder wachen über Sciascias Arbeit. Sie wenden das schlimme Schicksal ab, von dem er uns alle bedroht sieht. Sie halten den Schatten der Palme fern. Sciascia hat sie alle versammelt, für eine letzte Vorstellung.

Draußen hat es aufgehört zu regnen. Eine Autokolonne schiebt sich mit heulenden Motoren in den Mittagsverkehr. Richter Falcone auf der Rückfahrt in sein gepanzertes Büro? Nein. Es ist nur Marco Ferreri, der hier einen Film dreht: ***Die Zukunft heißt Frau.*** Und in einem Alfa, auf dem Todessitz: die Schygulla, bleich.

Palermo, den 23. Februar 1984

ANHANG

LOUIS ARAGON: EINE PARTEI IN DER PARTEI

Ein Gespräch mit Philippe Robrieux

LIBÉRATION: — ***Die erste Kontaktaufnahme Aragons zur UdSSR fand 1924 statt.*** Moscou la gâteuse. ***Das fängt eher gut an.***

PHILIPPE ROBRIEUX: — Man muß versuchen, sich den Aragon von damals vorzustellen. Als Rebell kehrte er aus dem Krieg heim, ist schon beim Abenteuer des Dadaismus mit dabei und wird dann zu einem Mitbegründer der surrealistischen Bewegung. Zuerst und vor allem läßt er sich von seinen Leidenschaften beherrschen. Heute würde man sagen: ein Ultralinker, ein Sponti. Er ist leicht erregbar, ohrfeigt sogar einmal einen Kritiker, löst reihenweise Skandale aus. Von seinem Standpunkt aus ist die Revolution in Rußland höchstens eine vage Regierungskrise.

— ***Und dann tritt er in die kommunistische Partei ein?***

— Anfang der zwanziger Jahre findet Aragon die Kommunisten viel zu blaß, reformistisch, gemäßigt. Sein Linksradikalismus hat einen Hauch von Nihilismus. Er ist ein ungeduldiger, zorniger junger Mann, gehört zur Generation der 'aus dem Krieg geborenen'. Der Krieg hat ihn aufgewühlt, und jetzt bricht es wie glühende Lava aus ihm heraus. Kurz gesagt: er ist auf der Suche nach seinem Weg. Mit Breton wendet er sich der reinen Form der Revolte zu, engagiert sich, wird Surrealist, lehnt alles in Bausch und Bogen ab: die Russische Revolution und die bürgerliche Regierung in Frankreich, gestützt auf ihr reaktionäres Kriegsteilnehmer-Parlament, chauvinistisch und ultrakonservativ und . . . 1919 mit überwältigender Mehrheit gewählt.

— ***Ein linksradikaler Intellektueller geht also in eine proletarische, kommunistische Partei?***

— Ja, aber sein Beitritt kommt erst später, 1927. Er

schließt sich in dem Moment der Partei an, als diese selbst weit nach links driftet, während zwischen 1921 und 1924, als sein Verhältnis zur kommunistischen Partei eher gespannt war, die Partei noch eine sehr offene Politik betrieb, etwa Stellungnahmen von Anatole France, dem Repräsentanten des großen klassischen Stils, veröffentlichte. So etwas brachte die jungen Surrealisten auf; von Anatole France wollten sie nichts hören.

— ***Ja, er wird im*** Manifest des Surrealismus ***angegriffen.***

— Man muß sich wirklich in die Zeit zurückversetzen. Lenin war ein Mann, der sich weigerte, seinen persönlichen literarischen Geschmack anderen aufzuzwingen. Er hatte in diesen Dingen aber auch einen klassischen, ja sogar konservativen Geschmack. Von November 1917 an gab es einen Kulturminister, der im Gegensatz dazu Modernist und Futurist war: Lunatscharski. Er war, wie man das damals nannte, Volksbildungskommissar. Wohlverstanden, Lenin war Lunatscharski gegenüber sehr mißtrauisch und weigerte sich gleichzeitig kategorisch, sich direkt in diese Fragen einzumischen. Für seinen Teil beurteilte er die Dinge unter einem politischen Gesichtspunkt, er schätzte die Schriftsteller je nachdem, was sie zur Revolution beitrugen oder nicht beitrugen. Aber er war ein gebildeter Mann mit einem weiten Horizont, der dabei keine ästhetischen oder Richtungskriterien hineinbringen wollte. Die Idee einer proletarischen Literatur oder Wissenschaft war ihm fremd, und er zeigte sich tolerant, sobald es sich nicht mehr um den fundamentalen politischen Kampf handelte.

Nehmen wir ein Beispiel aus der Geschichte. Zu Lebzeiten Lenins, 1922, glaube ich, wurden in der UdSSR noch die Memoiren des Menschewiks Sukhanow herausgegeben, obwohl sich darin keinerlei Verständnis für das Verhalten von Lenin und den Bolschewiki im Jahre 1917 finden läßt. Sehen wir uns nun an, welche Leute nacheinander im Vorstand der französischen Kommunisten zu finden sind: bis 1923 Männer wie Frossard, gefolgt von den französischen Schülern Lenins und Trotzkis, ich denke an Boris Souvarine, Alfred Rosmer, auch an Pierre Monatte. Sie und Albert Treint üben 1923/24, als Aragon auf gespanntem Fuß mit der Partei steht und die Oktoberrevolution als etwas allzu Gemäßigtes betrachtet, den entscheidenden Einfluß aus. Diese Männer sind auf ihre Art auch Traditionalisten und schreiben ihre Artikel für die ***Humanité*** sogar manchmal im großen klassischen Stil. Mit einer Kulturrevolution, im maoistisch-stalinistischen Sinn des Worts, haben sie nichts im Sinn. Die Surrealisten dagegen, sie wollen eine Art Kulturrevolution. Und Aragon ebenfalls. Mit ihnen will er einen totalen Umsturz des Schreibens, der Regeln des Schreibens, des Stils, weil, so behaupten sie, ausnahmslos alles, was auf literarischem und kulturellem Gebiet vor ihnen existiert hat, schlecht, konservativ, rückschrittlich und fortschrittsfeindlich sei. Nun sind aber die Verantwortlichen, die bis 1927 an der Spitze der französischen KP stehen, ganz einfach nicht bereit, diese Sicht zu akzeptieren.

— Interessant ist auch, daß Aragon zur gleichen Zeit Anhänger der surrealistischen Revolution und Marxist wird. Das bildet für ihn eine Einheit.

— Ja, aber ich würde die Bezeichnung Marxist hier nicht gebrauchen. Daß er selbst, wie viele andere Intellektuelle dies auch getan haben, geglaubt hat, Marxist zu werden, ist eine Sache. Aber all das hat nichts mit Marx zu tun. Sein Beitritt, der dann 1927 erfolgt, hat Gefühlsgründe. Es drückt sich darin nicht nur die Zustimmung zur Radikalisierung in Rußland, sondern auch die Übereinstimmung mit einer KPF aus, die im Frühjahr eben dieses Jahres unter Schwierigkeiten, — da insbesondere erfahrene Genossen aus der Arbeiterschaft mit Zurückhaltung reagiert hatten — die Klassenkampfparole '***classe contre classe***' ausgegeben hat, mit anderen Worten, allein gegen alle. Das bedeutet den Bruch, auch hier, mit allem, was vorher gewesen ist. Man ist allein, man ist im Besitz der Wahrheit und man macht im Kampf gegen alle anderen die Revolution. Dies sind die Anfänge der radikalsten Phase in der Komintern-Zeit der KPF, und das war natürlich für junge Intellektuelle, die sich der surrealistischen Bewegung anschlossen, sehr verführerisch.

— Du hast von Beitritt aus Gefühlsgründen gesprochen. Es ist Elsa Triolet, die Aragon zum ersten Mal mit in die UdSSR nimmt, nicht wahr?

— Ja, aber Elsa Triolet war keine Kommunistin. Sie ist es übrigens niemals gewesen. Bei ihr kommen andere Gründe ins Spiel. Sie hatte ihre Familie in der Sowjetunion, ihre Schwester war, wie ja allgemein bekannt ist, Majakowskis Lebensgefährtin Lilja Brik. Es ging also um persönliche Bindungen an Rußland. Gleichzeitig aber wird von Beginn der dreißiger Jahre an der Einfluß von Elsa Triolet auf Aragon bestimmend, und seltsamerweise ist es ohne Frage sie — obwohl ja gar nicht selbst Kommunistin —, die am meisten dazu beiträgt, ihn mit der kommunistischen Partei und der UdSSR zu verbinden. Das ist eine sehr interessante Geschichte, die noch aufzuarbeiten bleibt. Der Bruch mit dem Surrealismus geschah schon unter ihrem Einfluß. Und hinter dem definitiven Bruch mit dem Surrealismus zeichneten sich die Anfänge des sozialistischen Realismus ab, von dem die Surrealisten nichts hören wollten und der, wie man im nachhinein weiß, sehr wenig realistisch und überhaupt nicht sozialistisch war.

Aragon und seine Genossen sind damals noch jung, wenn sie auch die dreißig überschritten haben, und ich glaube, daß ihr revolutionärer Reflex alles andere überlagert hat. Mit viel Können hat Aragon dies authentisch-packend in seinen Gedichten ausgedrückt. Dreißig Jahre später sagt er im wesentlichen folgendes darüber (ich paraphrasiere, die Verse klingen sehr viel schöner): 'Wir waren jung, wir dachten, die Revolution komme sofort, die Gesellschaft der Gleichen, die große Gesellschaft, in der jeder gücklich sein würde, sie komme sofort, und heute sind wir alt, und es gibt nichts von alldem. . .' Hier erkennt man gut diesen Automatismus, der da gewirkt hat: Morgen würde die Revlution kommen, und danach würde es auf der Welt keinen Krieg und keine Klassen mehr geben, alle würden gleich und glücklich sein. Es war die Zeit der Fünfjahrespläne, der forcierten Industrialisierung, der Zwangskollektivierung. Viele revolutionäre Linke waren fasziniert: Sie sahen die Wissenschaft, die sozialistischen Arbeitsmethoden, den Plan, den Fortschritt und den großen Sprung nach vorn, da wo der Stalinismus das Volk mitten in der Hungersnot zu Massen in den Gulag schickte. Übrigens kehren sich viele Anhänger und auch Freunde Trotzkis in diesem Moment von ihm ab und wenden sich Stalin zu, weil sie im Grunde Ultralinke sind. Man beobachtet da also eine Bewegung, die in etwa mit der während der chinesischen Kulturrevolution vergleichbar ist. Viele Revolutionäre und viele junge Rebellen haben sich gesagt: 'Das ist es, «sie» haben einen kürzeren Weg gefunden, wo die anderen gescheitert sind.' «Sie», das sind die Funktionäre an der Spitze, «sie» werden es beschleunigen. . . 1930 sagt und schreibt Manuilski, eine Schlüsselfigur der Komintern, überall, daß die UdSSR die am höchsten entwickelten Industrieländer, wie etwa England, in zehn Jahren ein- und überholen werde.

— Im Namen dieses 'kürzeren Wegs' verspricht Aragon nun, nach seiner Rückkehr aus der UdSSR, seine literarische Tätigkeit der Parteidisziplin und -kontrolle unterzuordnen. . .

— Ja. So kann man den Bruch mit den Surrealisten begreifen. Für sie ist, abgesehen einmal von dem Theoriestreit über den sozialistischen Realismus, diese totale Unterordnung nicht tragbar, die dann vornehm Treue zur UdSSR und dem Führer der Bewegung genannt wird. Denn schließlich geht es genau darum, wird ja die Formel von der unbedingten Treue zur Sowjetunion im allgemeinen und zu Stalin im besonderen bald zum 'Prinzip' erhoben und von Maurice Thorez als 'Prüfstein des proletarischen Internationalismus' definiert werden.

— Geht es beim Kongreß revolutionärer Schrift-

steller 1935 in Paris um diese Frage der absoluten Treue?

— Es wird noch nicht formuliert, aber im Grunde geht es darum. Zur Bewegung zu gehören, das bedeutet zu denken: 'Die da haben recht, immer recht, weil sie Träger der strahlenden Zukunft sind.' Beim 7. Weltkongreß der Komintern in Moskau leisten Spitzenfunktionäre und Delegierte der kommunistischen Parteien einen feierlichen Schwur, der nichts anderes ist als ein der Person Stalin dargebrachter Huldigungseid. Und wenn 1935 gewisse Intellektuelle und einige Funktionäre denken mögen, daß das große Ziel doch weiter entfernt sein könnte als vorhergesagt — das große Ziel bedeutet hier: die egalitäre kommunistische Gesellschaft, die Weltrevolution, die Abschaffung des Staates, Freiheit und materieller Wohlstand für alle —, wenn diese Männer also wirklich denken mögen, daß dieser Punkt ein ganz klein wenig entfernter in der Zukunft liegen könnte, als sie noch 1930 glaubten, haben sie doch trotzdem den Eindruck, daß die Industrialisierung ein Erfolg sei, daß es allgemein vorangehe, daß alles sehr schnell gehe, daß alles möglich sei. . .

— Aragon wollte also den Sozialismus um jeden Preis, koste es was es wolle, und sollte es über Leichen gehen. . .

— Ich glaube nicht, daß er wirklich so gedacht hat. In Wahrheit haben sich der Schriftsteller und seine Freunde von einer Welle mitreißen lassen. Diese jungen Männer waren im Schützengrabenkrieg mit seinen Offensiven, die sich zu Gemetzeln auswuchsen, gewesen. . . Wozu? Um dreißig Meter Terrain zu erobern? Um irgendwelche Gebiete nach dem Krieg auszutauschen? Sie hatten das heftige Gefühl, eine schändliche und grauenerregende Schlächterei erlebt zu haben, eine ungeheuerliche Absurdität. Von daher ist doch mehr als verständlich, daß der Leitgedanke — nicht nur eines Aragon, sondern zahlreicher Intellektueller — in den zwanziger und dreißiger Jahren hieß: 'Nie wieder'. Und von 1927 bedeutete das für Aragon: 'An der Seite der UdSSR'. Denn es ist die UdSSR, die verhindern kann, daß sich derartiges wiederholt. Ab 1933 geht es dann nicht mehr nur um die Gefahr eines Krieges, Trauma dieser Generation, sondern auch um die von Faschismus, Nazismus.

— Was zur Einheit der Linken in Frankreich führt?

— Was in der Tat, nach einer gewissen Zeit, zur Einheit der Linken in Frankreich führt und was alle Pazifisten zusammenschweißt. Die Linken sind ja vor allem Pazifisten, und in machen Fällen sind sie Pazifisten, die jede Gewalt akzeptieren, weil sie die Vorstellung haben, daß ein großer Akt der Gewalt für immer mit der Gewalt Schluß machen wird. Das ist vielleicht traurig, denken sie, aber notwendig. Lieber einmal richtig leiden, einmal hart durchgreifen, und man wird sich von den Kriegen und Hitlern, die nur der Kapitalismus hervorbringt, befreit haben. In diesem Denken ist die Beseitigung des Kapitalismus gleichbedeutend mit Beseitigung von Krieg und Faschismus.

— 1936 bringt Frankreich den Wahlsieg der Volksfront, und bald darauf wird Aragon Chefredakteur einer neuen Zeitung, Ce soir. . .

— Ja, ab 1937 leitet er ***Ce soir*** und beginnt, eine wichtige Rolle innerhalb der KPF zu spielen — jedoch nicht als Funktionär, das ist er niemals gewesen. Es gibt übrigens eine enge Beziehung zwischen seiner Arbeit und dem Aufschwung, den die Partei nimmt; die Gründung von ***Ce soir***, der inzwischen eingestellten, ehemals großen Tageszeitung der KPF, ist eines der vielen Zeichen des Erfolgs der Volksfront. Bis zu jener Zeit war die KPF in Frankreich keine Massenpartei; zwischen 1930 und 1933 hatte sie um die 25 000 Mitglieder; aber 1937, als ***Ce soir*** gegründet wurde, waren es mehr als 300 000! Bei den Wahlen kommen die Kommunisten in der Volksfront über 15 % (vorher stagnierten sie bei etwa 10 %) und gewinnen 72 Mandate (1932 hatte sie nur ein Dutzend). Die Partei ist tief in der Gesellschaft verwurzelt, bekommt Zugang zur Macht, beginnt in den Medien und auch auf große Intellektuelle — wie Romain Rolland und Paul Langevin — Einfluß auszuüben. Die KPF und die UdSSR sind gleichfalls einflußreich genug, die Menschenrechtsliga zu lähmen, als 1936-38 in Moskau die großen Schauprozesse stattfinden. Dies geht so weit, daß der Präsident der Liga dafür garantiert, daß bei den Prozessen alles in Ordnung sei. Während Aragon also dabei ist, sich auch als Schriftsteller sehr weit vom Surrealismus zu entfernen, kann er sich sagen, daß seine Entwicklung gerechtfertigt sei. Mochte es auch in der UdSSR nicht ganz so zugegangen sein, wie es die Komintern-Propaganda behauptete, so würde doch alles wieder ins Lot kommen. Man muß sich überdies vorstellen, was es für einen Mann wie Aragon ausmacht, wenn eine Sache von bedeutenden Geistern Frankreichs gutgeheißen und unterstützt wird.

Wenn ein 'bürgerlicher Demokrat' — so die Parteisprache — wie der Präsident der Menschenrechtsliga (die Liga der Affäre Dreyfus) das Urteil der Moskauer Prozesse zu akzeptieren scheint, dann muß alles, was die Partei und die Kommunistische Internationale sagen, wahr sein. Nehmen wir einen so bedeutenden Mann und engagierten Intellektuellen wie Paul Vaillant-Couturier (der übrigens noch vor Ablauf des Jahres 1937 gestorben ist): Er hat sich wie viele andere durch die Kampagne zur Billigung der Moskauer Prozesse belastet, bei der er das ganze Gewicht seines großen Prestiges in die Waagschale geworfen hat.

Und, kurz und gut, nichts anderes macht Aragon. Doch was ihn betrifft, denke ich, daß er völlig daran geglaubt hat. Er hat geglaubt, daß es der Russischen Revolution wie der Französischen ergehen würde. Er ist damit auch ein Opfer dieser Tradition geworden, die einen Teil historischer Erklärung aus der finsteren Theorie eines riesigen Komplotts zieht, und hat gedacht, daß die Führer der Revolution, die alten Bolschewiki, Verräter seien wie einst die Girondisten oder, daß die Angeklagten zumindest aus Unbesonnenheit, Disziplinlosigkeit oder Unverantwortlichkeit Fehler begangen hätten. Zugegeben: Es mochte Unschuldige geben, Unwahrscheinlichkeiten und peinliche Schauspiele, es mochte, was mehr bedeutet, in der UdSSR sogar Angst geben — dieser Angst konnte Aragon eigentlich nicht entgehen und er hat sie wahrscheinlich auch gespürt —, aber letztlich ahnt er doch nicht, in welche Richtung die Machtausübung Stalins geht und daß es sich um eine tragische Wiederauflage mittelalterlicher Hexenprozesse in 'marxistisch-leninistischer' Version handelt. Bei Aragon zeigen sich alle Merkmale eines Menschen, der sich zwingen will, zu glauben, allem und jedem zum Trotz und insbesondere gegen seine eigenen Zweifel und tiefsten Ängste — was eine wahrscheinliche Erklärung für den ungeheuer gewalttätigen Ton in seinen Kommentaren wäre. Es handelt sich bei ihm um eine gefühlsmäßige, um nicht zu sagen religiöse Bindung, die deshalb auch so empfindlich ist.

— Von seinem Eintritt in die KPF bis 1937 gab es eine ganze Ausschlußwelle: die letzten Anarchisten, alle Trotzkisten. Ist Aragon nie schwankend geworden?

— Nein, denn das hätte den Bruch bedeutet, was eine Haltung voraussetzt, die nichts Religiöses mehr hat. Aragon hat — etwa im Zweiten Weltkrieg — bewiesen, daß er viel körperlichen Mut hatte, aber er besaß nicht das, was man — übrigens unpassend — mit politischem Mut bezeichnet, der eine Form von Mut ist, die sich sehr von der körperlichen unterscheidet. Nun, man braucht politischen Mut, um seine gesamte Existenz materiell und moralisch neu aufzubauen, außerhalb der 'Gegengesellschaft', außerhalb der abgeschlossenen Welt des Parteiapparats, der sich um all deine Bedürfnisse und Wünsche kümmert. Bei Aragon war es so, daß er sich, obwohl manche Trennung in der Folge von Ausschlüssen für ihn mehr als schmerzhaft waren, darein ergeben hat, dies hinzunehmen, so wie sich der Gläubige vor noch nicht allzulanger Zeit von denen trennte, die den Glauben verloren hatten. Ganz bestimmt aber konnten die Ausgeschlossenen in seinen Augen nur unrecht haben Selbst wenn 'die Partei' nicht immer recht haben konnte, so taten sie doch grundsätzlich Unrecht daran, sich von ihr abzuwenden oder abbringen zu lassen, die Disziplin nicht zu akzeptieren. . . Und dann waren die fraglichen Ausgeschlossenen ja auch 'bürgerlich' oder 'kleinbürgerlich' — was kaum besser ist — oder auch 'bürgerliche Intellektuelle' — noch schlimmer —; und wenn es sich um Arbeiter handelte, kam es auch auf das gleiche heraus, weil in jedem Fall nachgewiesen werden konnte, daß sie dem 'Druck der Bourgeoisie' gewichen waren. Ganz gewiß haben sich bei Aragon veritable Schuldgefühle aufgebaut. Ein bürgerlicher Intellektueller zu sein, heißt per Definition, das Proletariat nicht zu verstehen. Daraus folgt, daß der bürgerliche Intellektuelle bescheiden zu sein und es notwendigerweise zu akzeptieren hat, den 'Arbeiterführern' zu vertrauen, denn sie wissen, um was es geht. Die Revolution, wird sich Aragon mit vielen Intellektuellen in der KPF immer wieder gesagt haben, die wird vor allem für die Arbeiter gemacht, nicht für uns. . . Hier wird gewissermaßen die christliche Seite wieder aktiv; es ist ein 'marxistisch-leninistisches' oder besser gesagt stalinistisches Remake der alten Formel: 'Ich trage die Erbsünde in mir, also muß ich mich den Geheimnissen der Kirche beugen, allem, was mein Verstehen übersteigt . . . auch wenn es schmerzhaft ist, ja sogar ungerecht erscheint.' So stellt sich das alte 'Ich habe mir kein eigenes Urteil zu erlauben' bei den in der KP organisierten Intellektuellen wieder ein. Aragon ist zum Stalin-Anhänger geworden, wie andere gläubig werden und sich der Kirche zuwenden. Er ist in einen Mönchsorden des 20. Jahrhunderts eingetreten, was eigentlich überhaupt nicht seinem Wesen entsprach. Er brauchte Sicherheiten, er mußte seinem Leben einen Sinn geben.

— 1939, als der Hitler-Stalin-Pakt geschlossen worden ist, reagierte Aragon nicht. . .

— Wie alle KP-Aktivisten ist er wie vor den Kopf geschlagen. Er hat sicherlich Augenblicke der Angst erlebt, ist wahrscheinlich eine ganze Zeitlang von Zweifel und Schwanken bestimmt gewesen, aber schließlich war seine Reaktion die übliche eines Gläubigen vor dem Tod. Der Gläubige zweifelt an der Existenz des Paradieses oder ewigen Lebens, aber er will daran glauben und ist schließlich davon überzeugt. Bei Aragon verlief dieser Prozeß genau gleich, nur daß es bei seinem Zögern und seiner Entscheidung um die Komintern, die UdSSR, die Revolution in Rußland ging. Der deutsch-sowjetische Pakt ist ein furchtbarer Schlag, bis zum Tage seiner Unterzeichnung gingen die Angriffe auf Hitler weiter.

Der KP-Aktivist ist von Zweifeln durchdrungen wie der Gläubige, dem die Stunde schlägt. Aragon zwingt sich zu glauben.

Nun ist aber die Zeit, in der sich Aragon zum Stalinismus bekennt, gleichzeitig eine Periode, in der einige seiner Hauptwerke, seiner schönsten Gedichte und größten Romane entstehen. Wenn er dazu in der Lage war, dann vielleicht, weil er durch seine Bindung an die Sache, seine tiefe Bindung an die Partei und Arbeiterbewegung in einem substantiellen Gleichgewicht war.

— ***Weiß man irgend etwas Genaueres darüber, was er in den ersten Kriegswochen dachte?***

— Man kann es aus den überall in seinem Werk verstreuten, bruchstückhaften Bekenntnissen erahnen; man ahnt seine Zweifel, sein Zögern, seine Besorgnis, aber darüber hinaus geht es nicht. 1940/41 gibt es eine Art schwarzes Loch. Es folgt eine Zeit, über die unsichere Angaben gemacht werden, bei denen es schwierig ist, zwischen Legende und Wahrheit zu unterscheiden. Aber letzten Endes hat er sich der Herausforderung gewachsen gezeigt. Und bei Kriegsende gab es von seinem Lebenslauf her gesehen kein mögliches Zurück mehr. . .

— ***Wann hat er sich der*** Résistance ***angeschlossen?***

— Ein genaues Datum läßt sich dafür nicht angeben, doch es gibt hier und da Informationen und Anhaltspunkte. Ich weiß, daß Aragon und seine Lebensgefährtin Elsa Triolet von einem bestimmten Augenblick an in Kontakt mit der ***Résistance*** in der Drôme und der Region Toulouse standen. Wann Aragon in den Untergrund, in die Illegalität gegangen ist, läßt sich nicht leicht sagen. Nach unserem momentanen Kenntnisstand zu urteilen, denke ich, daß es Ende 1942/Anfang 1943 gewesen sein muß. Jedenfalls nimmt er 1943 an der Gründung des Widerstandskomitees der Schriftsteller im unbesetzten Frankreich teil. Vorher, Mitte Juni 1941, waren Aragon und Elsa Triolet verhaftet worden, als sie gemeinsam mit dem später erschossenen KP-Aktivisten Georges Dudach über die Demarkationslinie nach Paris zu kommen versuchten, um dort mit einem Mitglied des KPF-Vorstandes zusammenzutreffen. Sie wurden allerdings am 15. Juli wieder freigelassen und erhielten sogar offizielle Passierscheine, mit denen sie zurück in die damals noch unbesetzte Süd-Zone konnten.

Allein daraus lassen sich schon eindeutige Schlüsse ziehen. Und wenig später geschieht noch etwas Bezeichnendes: Admiral Esteva, Gouverneur der Vichy-Regierung in Tunesien, bittet Aragon um ein Gedicht. Diese Episode spielt sich im Herbst 41 ab. Aragon zeigt sich gefügig und widmet dem Admiral **Plus belle que les larmes**, das wirklich in einer Zeitung von Tunis veröffentlicht wird. Dieses Gedicht enthält einen Hinweis auf Dünkirchen, der in jenem dem Großbritannien Churchills gegenüber generell feindseligen Klima, das die Vichy-Regierung in dieser Zeit der Zensur und offiziellen Presse verbreiten läßt, nur als anti-englisch verstanden werden kann. In dem Gedicht heißt es: 'Da hat das Gewitter die Engelsstimme zerstört, und erinnere ich mich an Dünkirchen, meine Herren, das ist sehr abgeschmackt, ich geb es zu, doch was tun? Sind wir doch einmal so abgeschmackt.'

Diesen Zeilen, die den Eindruck erzeugen können, als schwenke er damit allzu eilfertig auf den damals geforderten Ton ein, läßt Aragon andere folgen, aus denen Eingeweihte Anspielungen auf den sich patriotisch, sogar nationalistisch gebärdenden Parteitag der KPF im Dezember 1937 in Arles entnehmen können: 'Im Wind aus Arles sind Träume / zu nahe meinem Herzen sie laut zu sagen.'

— Nach dem Krieg übernimmt Aragon als führender Intellektueller in der KP Parteiaufgaben. . .

— Konform mit der Parteilinie steht er an der Spitze des Kampfes für die Säuberung der Literatur. Seine Tätigkeit damals ist fragwürdig, weil er dazu gebracht worden ist, Positionen zu vertreten, wie man sie von einem Schriftsteller sicherlich nicht erwartet und die man sich eher bei einem Soldaten im Krieg erklären könnte. Zwischen 1945 und 1950 steht er 'an der Schießscharte', wie es damals hieß. Er stellt sein Talent in den Dienst jenes Generalstabs des Proletariats, als den er den Parteivorstand betrachtet, und verhält sich in vielerlei Hinsicht wie ein ideologischer Vorarbeiter. Ich weiß mit Sicherheit, daß er zu vielen Gesprächen mit dem damaligen Generalsekretär Maurice Thorez und einer Anzahl weiterer Spitzenfunktionäre zusammengetroffen ist. Das bot ihm die Möglichkeit, seine Romane zu überarbeiten und selbst zu sortieren, was nach der momentanen Parteilinie gesagt werden durfte und was auszuradieren war. Wirklicher Motor seiner Romane während der gesamten stalinistischen Eiszeit ist die Darstellung und Verteidigung der Parteilinie.

— Um was ging es im Fall Nizan?

— Das ist eine sehr traurige Affäre, die sich nach dem Krieg abgespielt. Die Parteiführung organisierte systematisch Schmutzkampagnen gegen alle, die — wie eben Nizan — 1939 nach dem Hitler-Stalin-Pakt mit der KP gebrochen hatten. Nizan wurde also beschuldigt, ein 'Polizeispitzel' gewesen zu sein. Dieser Vorwurf war zum ersten Mal im März 1940 in einem mit Maurice Thorez gezeichneten Artikel aufgetaucht.

1966 läßt Aragon bei einer Neuauflage der ***Kommunisten*** alles verschwinden, was Nizan betraf, der als abscheulicher Verräter Orfilat in dem Roman vorgekommen war.

— ***Wie war denn Aragons Verhältnis zu Sartre?***

— Dazu kann ich nur sagen — und in diesem Fall beziehe ich mich auf eine Angelegenheit, die ich Ende der fünfziger Jahre selbst erlebt habe —, daß die beiden sich nicht mochten. Sartre schätzte die Rolle, die Aragon gespielt hatte, nicht, und er machte keinen Hehl daraus. Für ***Clarté*** führten wir Ende der fünfziger Jahre eine Umfrage unter Studenten durch, deren Ergebnisse wenigstens dieses eine Mal nicht manipuliert waren. Dabei ergab sich, daß Sartre bei den Studenten vor Aragon lag — als Autor, bei dem Lektürenindex oder besser gesagt: auf der Beliebtheitsskala. Ich habe die Ergebnisse dieser Umfrage Aragon gezeigt. Er wurde äußerst ungehalten und meldete heftige Zweifel an den Resultaten an. Was ich bezeugen kann, ist, daß er Sartre nicht schätzte und ihn offen kritisierte.

— ***Der Chruschtschow-Bericht 1956 hat Aragons Überzeugungen nicht ins Wanken gebracht...***

— Ganz im Gegenteil. Von 1956 an, vielleicht schon ein bißchen früher, gibt es einen liberalen Kommunisten, einen wirklichen Eurokommunisten — und der heißt Louis Aragon. Von dieser Zeit an nämlich hat er seinen Stil ganz und gar verändert, er hat sogar mehrere Passagen der **Kommunisten** völlig umgeschrieben (insbesondere um die Apologie der allwissenden und schon 1939/40 Widerstand leistenden Partei abzuschwächen), und schließlich war Aragon meiner Kenntnis nach der einzige der führenden Kommunisten Frankreichs, der sich wegen seiner Haltung in der stalinistischen Periode einer Selbstkritik unterzogen hat, auch wenn es eine Selbstkritik in Versen ist, die sich in den Lyrikbänden **Le Roman inachevé** und **Les Poètes** nachlesen läßt. Von 1956 an hat Aragon stets bis an die äußerste Grenze des Möglichen alle oppositionellen Gruppen in der Partei unterstützt, immer genau bis zu dem Punkt, wo ein weiteres Beharren für ihn den

Bruch mit der Parteiführung bedeutet hätte, was er auf keinen Fall wollte. So hat er begonnen, Laurent Casanova zu unterstützen, und sich erst in letzter Sekunde zurückgezogen.

— ***Hat es niemals eine persönliche Beziehung zwischen Thorez und Aragon gegeben?***

— Doch, die gab es, aber sie war abrupt zu Ende, als Chruschtschow die Verbrechen Stalins schonungslos anklagte. Aragon war ein begeisterter Chruschtschow-Anhänger, Thorez dagegen, zumindest bis zur Abspaltung der Maoisten 1960, ein Gegner Chruschtschows, der verdeckt an dessen Schwächung arbeitete. Die beiden gingen von 1956 an getrennte Wege. Davor war ihre Beziehung zueinander so eng, wie das innerhalb der geschlossenen Welt des Parteiapparats möglich ist. Was sie einander nahebrachte — erstaunlich, wenn man darüber nachdenkt —, war vor allem die Ähnlichkeit ihrer frühen Kindheit. Wie mir Aragon selbst erzählt hat, hatten sie vertrauliche Erinnerungen ausgetauscht und gemeinsam Betrachtungen über ihr Schicksal als uneheliche Kinder angestellt. Aber es hat nicht nur den Fall Casanova/Servin gegeben. Schließlich begann mit Garaudy alles von neuem. Als Casanova und Servin ausgeschaltet wurden, rechtfertigte sich Aragon vor mir übrigens mit der Erklärung, die beiden seien 'weder klug noch politisch' vorgegangen. Als ich in ihn drang, ins Zentralkommittee zu gehen, weil ich wußte, daß die beiden Genannten dort gerade angeklagt wurden, hat Aragon mir auseinandergelegt, daß er sie jetzt nicht mehr unterstützen könne und daß seine Unterstützung auch nichts mehr nützen würde. Aber fast gleichzeitig erklärte er mir, was für Hoffnungen er in Garaudy setze, und mahnte mich zur Geduld.

Später akzeptierte er es lediglich noch, bei bestimmten Gelegenheiten in Erscheinung zu treten, aus Treue zur Partei. Er wollte nicht mit der Partei brechen, er wollte innerhalb der Bewegung bleiben, aber er schränkte seine Beteiligung strikt ein. In einigen Bereichen vertrat er so kritische Positionen, daß man sich, wenn man mit ihm sprach, manchmal fragen konnte, ob er noch Kommunist sei.

— Vollzog sich nicht doch eine Art Bruch mit dem Ende der Lettres françaises?

— Noch davor, nämlich 68, geschah etwas vielleicht Wichtigeres. Aragon stellte sich auf dem Boulevard Saint-Michel einer Diskussion mit Cohn-Bendit. Nicht nur, daß er mit dem 'deutschen Anarchisten' diskutierte, er empfing auch noch bei sich zu Hause den französischen Studentenführer Sauvageot, mit dem er sich stundenlang, und ich glaube sogar eine ganze Nacht lang, unterhielt. Damit zeigte er Schwäche für diejenigen, die damals in den Augen der Parteiführung die Allerschlimmsten waren. Seinerseits war das zugleich eine Rückkehr zu seinen Anfängen, ein sehr menschlicher Schritt, zu dem auch ein gewisser Mut gehörte — schließlich mußte man es zuerst einmal schaffen, während dieser Tage im Mai auf den Boulevard Saint-Michel zu gehen, wenn man Aragon hieß und Mitglied des ZK der KPF war. Die hohen Parteifunktionäre haben sich davor sehr wohl gehütet. Man kann sagen, daß Aragon — neben Roger Garaudy und einer gewissen Anzahl Intellektueller oder Oppositioneller in der Partei zu den wenigen gehörte, die unter den damaligen Umständen Verständnis für die Protestbewegung zeigten. Ein Verständnis überdies, dem nichts Demagogisches anhafete, wie bei einer Reihe anderer Intellektueller. Zu Cohn-Bendit hat Aragon gesagt: 'Man nennt mich einen alten Trottel, in Ordnung. Aber ich erinnere dran, daß alle alten Trottel früher einmal junge Trottel waren.' Die Antwort war durchdacht genug, um zu wirken. Und ich möchte mir die Bemerkung erlauben, daß ich in genau diesem Punkt Aragons Meinung teile.

Ich denke meinerseits, daß Aragon während all dieser letzten Jahre so etwas wie das intelligente Gedächtnis der Partei war. Ich habe den Vorzug gehabt, ihm bei sich zu Hause über Stunden hinweg zuhören zu dürfen. Hastig kritzelte ich dabei Notizen auf ein Blatt Papier;

das ist noch nicht lange her. Ich war völlig gefangen von seiner Art zu erzählen, beeindruckt von der Kraft seines Denkens, seinem Scharfsinn, seiner Bildung und seinem einzigartigen Geschichtsverständnis. Ich habe viele Dinge von ihm erfahren. Nie wäre ich zum Beispiel von alleine auf den Gedanken gekommen, daß der Kominternvertreter Fried von Agenten Stalins ermordet worden sein könnte. Aragon hat mich auf diese Spur gebracht und mir den einleuchtenden Beweis dafür geliefert. 'Na und?', wird man sagen. Aber genau hier liegt ja die ganze Tragödie, das ganze Schicksal und die ganze Widersprüchlikeit Aragons. Er wußte so etwas. Er wußte nahezu alles. Er hatte beinahe alles verstanden. Aber es hatte lange gedauert, dahin zu kommen. Denn es ist nicht einfach, das System von innen zu entschlüsseln, während es von außen sogar fast unmöglich ist. Als es ihm für sich selbst in den Jahren nach dem XX. Parteitag im Februar 56 endlich gelungen war, verspürte er weder Willen noch Lust, öffentlich Lektionen zu erteilen. Ein Bruch kam für ihn nicht in Frage; allein den Gedanken daran fand er allzu schmerzlich. Von der Ausrichtung seines ganzen Lebens her war das unmöglich. Da gab es auf der einen Seite 'Treue' und gleichzeitig das, was er poetisch seine **'déchirure'** nannte, den 'Riß'. Es ging also um ein Treubleiben im Bewußtsein, daß dieser 'Riß' bestand. Aragon fühlte sich nicht als Gefangener seiner Vergangenheit. Ich bin so weit gegangen, ihm die Gretchenfrage zu stellen: 'Was machst du noch dadrin, wie kannst du hinter einem Georges Marchais stehen?' Die Diskussion wurde lebhaft, komplex, konfus — ohne daß ich eine klare Antwort bekommen hätte. Als ich hartnäckig nachfragte, hörte ich ihn schließlich sagen: 'Mein ganzes Leben ist absurd.' Verständlicherweise verschlug es mir die Sprache.

— Es mag ein wenig romanhaft klingen, aber ich denke, man kann hier auch von der Geschichte eines gelebten Lebens oder von Schicksalsschwankungen sprechen.

— Natürlich war es ein Leben voller Schicksalsschwankungen. Aber wäre es anders gewesen, hätte es dann den großen Schriftsteller und Dichter Aragon gegeben?

— Gab es nicht auch in seiner Beziehung zu Elsa Triolet einen Riß?

— Aragons Gefühlsleben war durch den von der neoviktorianischen Prüderie der Vorkriegs- und unmittelbaren Nachkriegszeit ausgehenden gesellschaftlichen Druck beeinträchtigt. Seine homosexuellen Abenteuer oder Neigungen, von denen sich Spuren in seinem Spätwerk finden lassen, haben in seinem Leben eine wichtige Rolle gespielt. Er hat sich übrigens selbst zu dem Thema geäußert, aber sich dabei natürlich des Mittels der literarischen Fiktion bedient. Dieses Thema war nicht nur in der stalinistischen Partei, sondern auch bei den Surrealisten tabu. Es war also nicht möglich, es in diesen Zusammenhängen auszusprechen, wie er es selbst gegen Ende seines Lebens, nach dem Tod von Elsa, getan hat. Vielleicht dachte Aragon vor allem an existentielle Probleme dieser Art, als er sagte, sein ganzes Leben sei absurd gewesen.

Wie man die Sache auch angeht, ich glaube, es ist offensichtlich, daß sein Leben nicht leicht war. Er war ein Mann, der insbesondere Schwierigkeiten hatte, mit Frauen zu leben. Vor inzwischen mehr als zwanzig Jahren war ich Zeuge einer Szene, die mich sehr betroffen gemacht hat. Ich war ein junger Mann und junger Kommunist, eingeladen bei Aragon und Elsa Triolet, sah den Dichter von **Elsas Augen**, den Sänger der ewigen Liebe, dargebracht einer erhabenen Frau, und trotzdem: ich konnte nicht umhin, die Spannung zu bemerken, die zwischen den beiden herrschte. . . Ich glaube, daß ich damals nichts von dem verstanden habe, was sich da vor meinen Augen abspielte. Ich war derart enttäuscht, als ich flüchtig bemerkte, mit welch erschreckender Härte Elsa Aragon ansah und wie der ihrem Blick auswich. Aber andererseits — und da wird das Leben Aragons romanhafter als jeder Roman — hat Elsa auf ihn in Politik und Literatur einen außergewöhnlichen Einfluß gehabt, denn sie war eine außergewöhnliche Frau. Daß Aragon sich in Richtung Entstalinisierung engagiert hat, ist auch oder vielleicht besonders Elsa Triolets Verdienst. Ich erinnere mich, wie Elsa 1962, nach dem XXII. Parteitag der KPdSU, bei einer öffentlichen politischen Versammlung vor etwa 150 Leuten auf eine Frage antwortete, die ich ihr gestellt hatte, nämlich, was sie von der Weigerung halte, den großen Revolutionär Trotzki zu rehabilitieren. . . Sie vertrat die Ansicht, daß, wenn Trotzki den Kampf um Lenins Nachfolge gewonnen hätte, es deshalb vielleicht in vielen Dingen nicht wesentlich anders gekommen wäre, daß es aber auf keinen Fall Vernichtungslager gegeben hätte. Und von daher gesehen, fügt Elsa hinzu, wäre man mit Trotzki sehr viel besser gefahren als mit Stalin. Man muß sich einmal in die damalige Zeit zurückversetzen: 1962 war eine Ansicht, wie Elsa sie da im Beisein Aragons und vor etlichen Zuhörern geäußert hatte, hochgradig ketzerisch. Aragon, der den Kampf gegen den Stalinismus auf seine Weise und ohne die Partei zu verlassen führt, gibt nach und nach seinen klassischen Stil. auf, um wieder auf eine Art des Schreibens zurückzukommen, die der seiner rebellischen Jugendjahre als Surrealist näher liegt. So gelangt er zum ***roman-théâtre*** und zu seinen letzten Schriften, in denen er, kurz gesagt, etwas von der Manier seiner surrealistischen Zeit wiederfindet.

— *Ich würde gerne noch einmal auf die Geschichte der* **Lettres françaises** *zurückkommen. Ist er da wirklich diskret ausgeschieden?*

— Ja, allerdings, denn er wollte nicht mit der Partei brechen. Die KP-Führung billigte auf Betreiben von Georges Marchais die Normalisierung in der Tschechoslowakei. Zur gleichen Zeit, als der neue Parteichef die von Waldeck-Rochet im August 68 formulierte Mißbilligung der sowjetischen Intervention vom Tisch wischte, schrieb Aragon in den ***Lettres françaises*** gegen diese Normalisierung. Er half den tschechischen Schriftstellern, wo immer er konnte. Er griff dann, um es zusammenzufassen, zu einer äußerst eindringlichen Formulierung, sprach von «Biafra des Geistes», um die von den Sowjets in den Bereichen Freiheitsrechte und Kultur aufgezwungene Politik zu charakterisieren. Nur ein einziges Mal hat die KP-Führung Aragons Position übernommen, und zwar, als unter Waldeck-Rochet die ***Humanité*** Anfang 1966 einen Artikel des Dichters veröffentlicht, in dem die Leningrader Prozesse verurteilt werden. Das war übrigens das erste Anzeichen von Waldeck-Rochets Absicht, zu dem Neostalinismus von Breschnew auf Distanz zu gehen. Und sicherlich war es nicht zufällig Aragon, der für diese Demonstration zur Feder griff.

— Wann hast du ihn das letzte Mal gesehen?

— Das letzte Mal, daß ich ihn länger gesehen habe, war, als ich eine Verabredung mit ihm hatte und er mir die Tür nur einen Spalt öffnete und sagte, daß er krank sei, nachts einen Herzanfall gehabt hätte und mich nicht empfangen könne. Als ich nicht lockerließ, sagte er in seinem unnachahmlichen Tonfall: «Ich bin Arzt gewesen, ich weiß, was das ist. . .» Aber ich verwickelte ihn in ein Gespräch, und schließlich ließ er mich doch in sein Haus in der Rue de Varenne. Ich durfte nur einige Minuten bleiben. Er sprach, und ich holte Papier und Bleistift heraus, um mir einige Notizen zu machen. Bei der Unterhaltung ging es dann nach anfänglichen Bemerkungen über seinen Gesundheitszustand um Parteigeschichte, Fragen, die mich interessierten, und auch um aktuelle politische Probleme.

Dieses Gespräch fand statt, als die im Herbst 74 von der Partei in Gang gebrachte antisozialistische Polemik schon über ihre Anfänge hinausgekommen war. Ich erinnere mich insbesondere, daß Aragon mir darin beipflichtete, wie verblüffend es immerhin sei, — wenn man sich erinnere, was für einen Druck die KPF entwickelt habe, um die Einheit der Linken zu erreichen –, jetzt zu beobachten, mit welcher Hast sie das mühsam Durchgesetzte wieder loswerden wollte. Ich erinnere mich an einige seiner Formulierungen, daran, daß er die Kampagne völlig irrational fand und einige treffende Sätze dazu sagte, denn schließlich war er ein brillanter Analytiker. Frappierend fand ich auch, daß er auf mich wie verjüngt wirkte; er kam mir sehr dynamisch, lebendig, eloquent, fast erregt vor. Es hielt ihn nicht auf seinem Platz, immer wieder stand er aus seinem Sessel auf und lief, während er sprach, mit großen Schritten und heftig gestikulierend durch das Zimmer. Aragon hat mir außerdem immer seine Bücher geschickt, als Zeichen dafür, daß unser Kontakt und unser Dialog fortgeführt wurden.

Wichtig für mich war auch, daß er es war, der mir zu verstehen gegeben hat, das ***Unir***, die oppostitionelle Zeitschrift, an der ich zusammen mit einer Reihe Genossen Ende der sechziger, Anfang der siebziger Jahre mitarbeitete, über einen Mittelsmann von der KP-Führung manipuliert wurde. Auch darauf wäre ich ohne ihn nicht gekommen, weil ich unfähig war, mir einen solchen Machiavellismus vorzustellen. Ich sehe mich noch in der Rue de Varenne sitzen und zuhören, wie er mir auf die etwas pastorale und sehr an Stendhal erinnernde Art, in der er heikle Probleme anzusprechen pflegte, ohne sehr präzise zu werden, sagte: «Du machst einen Fehler, deinen Namen unter Artikel in dieser Zeitschrift zu setzen, deren 'man' sich bedient, wenn 'man' eine Aktion vorhat.» Er betonte das Wörtchen 'man', das unter Eingeweihten für 'die Parteiführung' steht.

— ***Hast du seine Bücher auch noch bekommen, nachdem deine*** Histoire du parti communiste français ***erschienen ist?***

— Ich habe sie bis zum Schluß bekommen. Auch nach der Thorez-Biographie, die besonders von Georges Marchais heftig angegriffen worden ist. Das beweist, daß er nicht mehr der Gefügige war, als den man ihn genausogut rechts wie auf Seiten der KP-Führung sehen wollte. Gleichzeitig aber wies in seinem Verhalten, in seinen Stellungnahmen und sogar in der Art, in der er gegen alle und alles, sogar gegen sich selbst, wenn auch ohne große Überzeugung den momentanen Generalsekretär der KPF verteidigte, alles darauf hin, daß er in der Partei bleiben wollte, sich weigerte, den Bruch zu vollziehen. Ich glaube, daß es diese beiden widersprüchlichen Aspekte seiner Pesönlichkeit sind, die seinen politischen Weg kennzeichnen, daß die Wahrheit hier zu suchen ist.

— ***Innerhalb der Partei in seiner eigenen Partei?***

— Das wäre das Schlußwort, das seinen politischen Weg beschreibt.

Paris, den 27. und 28. Dezember 1982

BECK & GLÜCKLER

144 S., brosch. mit Fadenh., DM 15,80
ISBN: 3-924175-01-2

128 S., brosch. mit Fadenh., DM 16,80
ISBN: 3-924175-02-0

128. S., brosch. mit Fadenh., DM 18,-
ISBN: 3-924175-05-5

288 S., brosch. DM 28,—
ISBN: 3-924175-03-9